Mucho que contar

Entre la sombra y la luz

María Angélica Larrotta

Copyright ©2025 by *María Angélica Larrotta*.

All rights reserved!

Dedicatoria

Quiero dar las gracias a Dios, quien me regaló la valentía y la fuerza para poder escribir este libro. Cada palabra está impregnada de lágrimas derramadas, algunas de dolor y otras de fe, de esperanza y de luz.

Sin Su guía este camino no habría sido posible. Este libro es también un testimonio de Su amor y de cómo, incluso en medio de la tormenta, siempre hay un rayo de luz que ilumina el alma.

A mi madre, Emelia Uribe, la mujer más fuerte y valiente que he conocido.

Aunque hoy descansa en el cielo, sé que me acompaña en cada paso de mi vida. Ella tenía el don de transformar lo pequeño en grande, de un vaso de agua hacer una sopa para toda la familia, una lágrima convertirla en esperanza, de la escasez sacar abundancia.

Su vida fue un ejemplo de amor, de fe y de fortaleza. Este libro también es suyo, porque todo lo que soy y lo que escribo nace de las huellas que me dejó en el corazón.

Gracias, mamá, por escogerme como tu hija. 🌹

A Paola Andrea, mi primera hija, mi ángel, que por dos meses estuvo en mis brazos y desde el cielo me ha acompañado en cada paso que he dado, dándome fuerza para no rendirme.

A mis hijos, Paul André y Samantha, quienes han sido la fuerza de mi vida y la razón por la que jamás me rendí. Este libro es para ustedes, para que un día comprendan que todo lo que viví y enfrenté fue por su amor.

Y también a todas las mujeres que, como yo, han tenido que enfrentarse a verdugos disfrazados de salvadores. Que este testimonio les sirva de aliento para no perder nunca la fe y la esperanza.

A mi nieta Siena, que hoy apenas comienza a descubrir la vida. Este libro es también para ti, para que algún día, cuando seas adulta, entiendas la fortaleza de tus raíces y sepas que en tu sangre hay una historia de lucha, de resistencia y de amor infinito.

MUCHO QUE CONTAR: Entre la sombra y la luz

Índice

Prólogo vii
Capítulo 1: Mi FZ50 Roja 1
Capítulo 2: Las Señales Del Adiós 4
Capítulo 3: La Violencia En Mi Tierra 6
Capítulo 4: Cuando Se Rompe El Corazón 8
Capítulo 5: El Comienzo De Mis Luchas Laborales 11
Capítulo 6: El Matrimonio Que Cambió Mi Rumbo 18
Capítulo 7: El Ángel Que Me Eligio 22
Capítulo — La despedida de mi ángel 23
Capitulo 8: Reconstruyéndome en Venezuela 29
Capítulo 9: La Esperanza Renace 31
Capítulo 10: El Verdugo 37
Capítulo 11: Panamá: El Verdugo Disfrazado De Ángel .. 42
Reflexión Final 68
Epílogo 69
Agradecimientos 70

Prólogo

No elegimos nuestras historias. A veces, la vida las pone frente a nosotros y únicamente tenemos que aprender a vivirlas, aceptarlas y, si tenemos suerte, transformarlas.

Yo soy María Angélica Larrotta, una pasajera más en este planeta, pero con un equipaje lleno de recuerdos, de tropiezos y de alegrías que me han moldeado.

Hoy quiero abrirte mi maleta, mostrarte las páginas de mi viaje y dejar que camines conmigo por los pasajes más luminosos y también por los más oscuros.

No es solo mi vida, puede que en estas líneas también encuentres reflejos de la tuya.

Bienvenidos a mis historias. Bienvenidos a mí.

Escribir este libro no ha sido tarea fácil. Cada página contiene recuerdos que alguna vez fueron heridas, momentos de miedo, de lucha y también de esperanza. Decidí contar mi historia porque sé que muchas mujeres, madres e hijos viven realidades parecidas, a veces en silencio, y necesitan saber que no están solas en esto.

"Mucho que contar: Entre la sombra y la luz" no es simplemente un relato de dolor, sino también un relato de resistencia, de amor maternal y de la fuerza que nace en medio de la oscuridad.

A quienes lean estas páginas, les pido que lo hagan con el corazón abierto. Aquí encontrarán mi verdad, mi voz y mis pasos hacia la libertad. Este es apenas el inicio de un camino que aún continúa, porque la historia no termina aquí.

Capítulo 1: Mi FZ50 roja

La recuerdo como si todavía estuviera rugiendo a mi lado: mi FZ50 roja.

No era una simple moto; era mi libertad pintada de rojo brillante, mi refugio sobre dos ruedas, la ilusión de que podía volar sin alas. Cada recorrido por las calles ardientes de Barrancabermeja me regalaba un respiro, un instante de paz en medio del caos cotidiano.

El calor era sofocante, el sol se pegaba a la piel hasta convertir el sudor en una segunda piel. El aire, cargado de petróleo y de polvo, parecía masticarse más que respirarse. Y, aun así, cuando me subía a mi moto me sentía ligera, como si pudiera escapar del peso del mundo por unos minutos, solo con el viento en la cara y el rugido del motor en mis oídos.

Tenía apenas catorce años y, sin embargo, esa moto era mucho más que un vehículo. Era mi cómplice, mi secreto mejor guardado para sentirme viva. Me llevaba a todas partes: del trabajo al supermercado, de la escuela al trabajo, y del trabajo a ese instante de gloria donde la rutina quedaba atrás y yo me sentía indomable.

En esos días todavía tenía conmigo a mi madre, ella era mi heroína. Ella era el centro de mi vida, el eje sobre el que giraba todo. Caminaba por el mundo con la certeza plena de que ella siempre estaría allí para sostenerme.

No sabía que esa certeza estaba a punto de romperse.

Cuando pienso en esa época, su imagen es inevitable.

Fue la mujer más fuerte que conocí, aunque no hacía falta que lo dijera. Su fuerza estaba en su mirada que abrazaba, en la forma de cuidarnos sin parar, en esa sonrisa que se mantenía incluso cuando la vida la empujaba contra la pared. Para mí, era más que una madre: era un refugio, un ejemplo y una razón. Ella sabía cuánto amaba mi moto roja.

A veces me observaba salir y, con una mezcla de orgullo y de preocupación, lanzaba esa frase que aún resuena en mí: ¡Cuídese, mija, que no hay repuesto para usted!

Yo sonreía, giraba la llave y aceleraba como si el mundo fuese mío. Me gustaba pensar que ella siempre estaría allí, esperándome al final del camino.

Nunca imaginé que la vida ya tramaba un giro cruel que arrancaría esa certeza de un plumazo.

La rutina se desquebrajó una tarde cualquiera.

La noticia llegó disfrazada de medias palabras, como si esconderla pudiera suavizar el golpe. Nos dijeron que mamá estaba mal, que debíamos viajar de inmediato porque algo grave le había pasado. Nadie dijo la verdad, pero yo la olí desde el primer instante.

Algo dentro de mí gritaba que no era una simple enfermedad ni un accidente. El presentimiento me oprimía el pecho, me dejaba sin aire y me llenaba de preguntas que nadie podía responder.

Esa misma noche, mi hermana, mis sobrinos y yo emprendimos el viaje hacia Aguachica, el pueblo donde vivían mis padres. Dejamos atrás Barrancabermeja y nos adentramos en una carretera larga, oscura y sofocante. El calor no cedía, y el silencio entre nosotros pesaba como plomo.

No sabíamos si llorar o gritar. A ratos nos preguntábamos en voz alta qué había pasado, como si en la negrura de la noche alguien pudiera darnos alguna respuesta. Yo imaginaba que la guerrilla había tomado el pueblo otra vez, que mamá había quedado atrapada en una de esas balaceras que dejaban más miedo que vida. Esa idea se me clavaba como un puñal repetido en la mente, y cada kilómetro se volvía un tormento interminable.

Aún no sabíamos que ese viaje nos estaba llevando directo al borde de un abismo, a un antes y un después que marcaría nuestras vidas para siempre.

Capítulo 2: Las señales del adiós

No sabía exactamente qué había ocurrido. La noticia nos llegó incompleta, como si esconder la verdad pudiera retrasar el dolor. En el viaje hacia Aguachica me repetían que mamá estaba herida, que quizá la guerrilla había tomado el pueblo y que, como tantas veces, había dejado un rastro de sangre inocente. En mi mente ella seguía viva, luchando, esperando. Me aferraba a esa idea, aunque algo dentro de mí murmuraba que la herida sería más profunda. Horas antes de esa llamada, había vivido momentos extraños que no entendí en ese momento.

En la ducha, el jabón se me cayó tres veces seguidas. No era un simple descuido: sentí que alguien lo empujaba a propósito, como si una presencia invisible quisiera decirme algo.

Ese mismo día, mientras conducía mi moto FZ50 roja rumbo al trabajo, una mariposa blanca se posó sobre mi hombro y me acompañó durante parte del trayecto. Yo no le presté atención, iba de prisa, cumpliendo con mis responsabilidades entre un supermercado y otro, enfocada en hacer todo "nítido", como a mí me gustaba.

No entendí que eran señales. No supe leerlas.

El viaje nocturno terminó con el amanecer en Aguachica, y fue entonces cuando la verdad se reveló: mamá ya no estaba. Tenía catorce años, y en un instante perdí a mi heroína, a mi refugio, a mi todo. Sentí que el suelo se rompía bajo mis pies y que el mundo entero se me venía encima.

Ese día entendí lo que significa quedarse huérfana de una madre demasiado pronto.

Ese día perdí la esencia de mi vida.

Capítulo 3: La violencia en mi tierra

Barrancabermeja era un lugar donde el calor nunca daba tregua, pero tampoco el miedo.

La guerrilla aparecía como una sombra que se metía en nuestras casas, en nuestras conversaciones, en nuestros sueños. Sabíamos que podían tomar el pueblo en cualquier momento, que podían arrancar vidas inocentes con la misma facilidad con que el viento levanta el polvo de la calle.

Crecí escuchando ráfagas de fusil como otros escuchan canciones de cuna. Y aunque tratábamos de vivir una vida "normal", la verdad es que el miedo era parte de la rutina. Uno aprendía a leer las miradas, a reconocer los silencios, a estar siempre alerta.

En medio de ese ambiente hostil, me tocó enfrentar la pérdida más grande de mi vida.

Tenía catorce años y de repente me quedé sin mi madre, sin mi heroína, sin el corazón que sostenía a mi familia. El dolor se mezclaba con el temor, porque no era solo llorar su ausencia, era también preguntarme si la violencia había tenido que ver con su partida, si la muerte nos la había arrebatado como tantas otras veces lo hacía con los vecinos, los amigos y los conocidos.

Yo sentía que mi mundo se derrumbaba. El calor, la violencia, el dolor… Todo se mezclaba en un mismo nudo que me ahogaba por dentro.

No había espacio para ser niña, ni para poder llorar tranquila. La vida me estaba obligando a crecer demasiado pronto.

Capítulo 4: Cuando se rompe el corazón

El velorio de mi madre fue un río de lágrimas interminable. La casa estaba repleta de gente: familiares, vecinos y conocidos se acercaban para darle el último adiós. Aunque todos lloraban desconsolados, yo tuve que contenerme. Sentía como si me hubieran puesto de repente una coraza. Alguien tenía que ser fuerte, y ese alguien era yo.

Mientras muchos se derrumbaban, a mí me tocó enfrentarme a lo más doloroso: fui yo quien vistió a mi madre para su último adiós. Mis manos temblaban y el corazón me retumbaba en el pecho, pero lo hice. Nadie más tuvo la fuerza, y aunque por dentro me estaba muriendo, sabía que era mi manera de cuidarla una vez más, de demostrarle mi amor hasta el último instante.

El entierro fue un gran silencio pesado, interrumpido solo por los rezos y los sollozos. Cada palada de tierra sobre el ataúd me arrancaba un pedazo del alma. Sentía que enterraban a mi madre, pero también a una parte de mí. El sol de Aguachica caía implacable, y yo, con apenas catorce años, me encontré más sola que nunca. Ese día entendí lo que significaba crecer de golpe.

Los recuerdos de mi vida con ella comenzaron a convertirse en tesoros. San Martín, Cesar, y aquella carreta de madera vieja con la que llevábamos pescado. Muchas veces se acababa atascando en el camino y teníamos que empujarla entre todos, porque el pueblo entero esperaba el mejor bocachico de Pita Limón.

Nos levantábamos a las cinco de la mañana para preparar la carreta. La primera venta del día era también nuestro desayuno favorito: bocadillo con queso, pan y una cola Román bien fría. Mi madre solía llamarle, entre risas y verdades crudas, "la comida de las putas". Cuando le pregunté por qué, me respondió con toda naturalidad:

—Porque eso no es comida, hija. Y las pobres putas, como viven en la calle, eso es lo único que pueden comer.

Así, con su humor sencillo y su manera directa de hablar, me enseñaba a mirar la vida de frente. Su nobleza, su humildad, su paciencia y su fuerza fueron mis primeras lecciones de vida. Después de su partida, la rutina se volvió aún más dura. Trabajaba todo el día y estudiaba en la noche para poder terminar el bachillerato. Eso nos había enseñado mi padre: a ser responsables, a luchar, a no rendirnos. Él nos mandó a la ciudad para vivir con la familia y aprender lo que significaba sobrevivir desde temprano. Aun así, de vez en cuando, me daba el lujo de escapar de allí. Con mis amigos de la escuela nos íbamos de fiesta, y muchas veces terminábamos en un lugar muy famoso en Barrancabermeja: El Portón 16. Era un sitio exclusivo, solo entraban quienes tenían dinero… Y yo no lo tenía. Pero tenía belleza, juventud y picardía, y eso me abría muchas puertas. Allí bailábamos, reíamos y vivíamos como si no existiera el mañana, aunque al día siguiente me tocara ir a trabajar sin dormir y, en la noche, asistir a clases con los ojos cansados.

Hoy, mirando el pasado, entiendo que la muerte de mi madre fue la primera gran herida de mi vida, pero no la única. Cada responsabilidad temprana, cada desvelo y cada jornada interminable fueron cicatrices que se quedaron conmigo. Y aunque dolían, esas cicatrices me convirtieron en la armadura que necesitaba para poder seguir caminando.

Cuando el corazón se rompe, no hay elección: o se queda roto para siempre, o se suelda con más cicatrices. Las mías comenzaron aquel día. Y aunque marcaron mi alma para siempre, también me dieron la fuerza para no rendirme. Porque incluso con el corazón destrozado, una aprende a levantarse, a caminar… Y a seguir viviendo.

Capítulo 5: El comienzo de mis luchas laborales

Así, mi vida continuó sola, enfrentando cada reto de supervivencia. Cuando no se tiene a la madre al lado no se tiene nada: la vida se vuelve más vacía y muchas veces muy injusta.

Parte 1 - Con apenas mi corta edad ya sentía que el mundo me exigía demasiado.

Y aun así, decidí buscar un trabajo que me diera estabilidad y me permitiera crecer. Soñaba con trabajar en una empresa tan importante y reconocida como lo era Colgate-Palmolive. Pasar la entrevista no era tarea fácil para muchos, pero yo confiaba en mí. Sabía expresarme, tenía predisposición y siempre estaba lista para dar lo mejor. Mi carisma me ayudaba a ganarme a las personas, y esa vez no fue la excepción.

Cuando el vendedor me entrevistó, me dijo de inmediato:

—Tengo otras chicas para entrevistar, pero no lo voy a hacer. El trabajo es suyo.

Parte 2 - Tengo otras chicas para entrevistar, pero no lo voy a hacer.

Había quedado impresionado con la seguridad de mis respuestas y con la firmeza con la que le aseguré que trabajaría con dedicación hasta que la empresa ya no me necesitara. Y, cómo no, ¿quién no querría trabajar para una compañía de ese nivel? Para una chica como yo, conseguir ese trabajo era como ganar la lotería de la vida.

Pero esa alegría duró poco. El hecho de que el vendedor regional me hubiera escogido no era una seguridad. La decisión final no estaba en sus manos, sino en las de Recursos Humanos, y ellos tendrían la última palabra.

Claro, había muchas candidatas, y aunque yo era la favorita del vendedor, eso no me aseguraba el puesto. Tenía que brillar todavía más.

Y ahí surgió mi mayor obstáculo: mi edad.

No tenía cédula. No era mayor de edad para ser contratada legalmente. En realidad, yo seguía siendo una adolescente. Ese detalle que parecía pequeño se convirtió en un problema enorme, una barrera que podía hacer que todos mis sueños se derrumbaran en un instante.

Parte 3 - La prueba decisiva

Llegó el día de presentarme ante Recursos Humanos. Los nervios recorrían todo mi cuerpo, porque sabía que allí no bastaba con mi sonrisa ni con haber convencido al vendedor regional. Tenía que demostrar que, a pesar de mi corta edad, era capaz de enfrentar el reto. Las demás candidatas me miraban con superioridad. Muchas de ellas ya eran mayores, tenían experiencia laboral y, sobre todo, cumplían con todos los requisitos legales. Yo, en cambio, apenas era una adolescente con más sueños que papeles.

Sin embargo, mi determinación fue mi carta más brillante. Me presenté con seguridad, contesté cada pregunta con firmeza y hablé de mis ganas de trabajar como si no hubiera nada más importante en mi vida. Quería que entendieran que, aunque no tuviera la edad necesaria, tenía algo más valioso: la voluntad de salir adelante.

Sabía que esa entrevista definiría mi futuro. Si me aceptaban, tendría la oportunidad de demostrar mi valor en una empresa muy reconocida. Pero si me rechazaban, sentiría que todo se derrumbaba otra vez, como tantas veces en mi corta vida.

Parte 4 – Una mano que me abrió el camino

Fue entonces cuando me entrevistaron y, como era de esperar, no pasé la prueba. El motivo estaba claro: no era mayor de edad, no tenía cédula, y legalmente no podían contratarme.

Sin embargo, algo inesperado sucedió. Una de las personas de Recursos Humanos me escuchó con atención, con paciencia y con verdadero interés. Le gustaron mis respuestas, mi seguridad y, sobre todo, mi sinceridad. Cuando le conté que mi madre había muerto, que estaba sola y que necesitaba ese trabajo para poder seguir estudiando y manteniéndome, vi en sus ojos una mezcla de ternura y de decisión.

Ella me miró con afecto y me dijo con firmeza:

—No te preocupes, yo te voy a ayudar.

Ese día se convirtió en una especie de madre para mí. Fue muy humana, movió todas sus influencias y buscó la manera de abrirme una puerta que parecía cerrada.

Tuve que viajar hasta Bogotá para presentarme ante los grandes jefes de la compañía. El vendedor regional, que había apostado por mí desde el principio, me acompañó hasta allí. Yo sola entré a esa sala de entrevistas, sabiendo que lo único que había en mi contra era mi edad. Y así fue: no pasé por ser menor. Pero les hablé con la verdad, sin miedo. Les dije que era huérfana, que no tenía padres que respondieran por mí, y que Bienestar Familiar podía autorizarme para trabajar.

Mis palabras, mi determinación y mi necesidad tocaron sus corazones. Aquella mujer maravillosa empezó a mover todo lo que estaba en sus manos, y finalmente lo logró: consiguió que el Bienestar Familiar de Colombia me otorgara un permiso especial para poder trabajar, aun siendo una adolescente.

Ese gesto cambió mi vida por completo. Gracias a ella no solo obtuve el trabajo que tanto soñaba, sino que también recibí la oportunidad de demostrar de qué estaba hecha. No quería que me vieran solo como la muchachita bonita de la FZ-50, avispada, sonriente y coqueta. Quería que me reconocieran como la mujer responsable y valiente que yo sabía que era. Quería que me respetaran por lo que tenía dentro, y no únicamente por lo que mostraba por fuera. Ese día entendí que, a veces, Dios pone ángeles en el camino disfrazados de personas comunes. Y uno de ellos, sin duda, fue ella.

Parte 5 – Mi primer día en Colgate-Palmolive

Cuando por fin me dieron la autorización y me confirmaron que estaba contratada, sentí que había ganado la batalla más grande de mi vida. No lo podía creer… Una adolescente, sin cédula, había logrado entrar a una de las empresas más reconocidas del país. Mi primer día en Colgate-Palmolive lo recuerdo como si fuese ayer. Llegué con los nervios a flor de piel, con el uniforme impecable y el corazón latiendo tan fuerte que parecía que se me salía del pecho. Miraba a mi alrededor y únicamente veía a personas mayores, seguras, con experiencia... Mientras yo apenas era una muchacha que recién comenzaba a descubrir el mundo laboral.

El ambiente era serio, disciplinado, todo estaba funcionando como un reloj.

Cada quien sabía exactamente lo que tenía que hacer. Yo, en cambio, estaba aprendiendo desde cero, pero con unas ganas tan grandes que me impulsaban a no rendirme.

Ese día me prometí algo: no importaba que me vieran pequeña o inexperta, iba a demostrar que estaba a la altura. Quería que todos vieran en mí, no solo a la adolescente que necesitaba trabajar, sino a una mujer fuerte y responsable que sabía valorar una oportunidad. Quería que me respetaran por lo que era en realidad: una joven trabajadora, capaz y responsable, que merecía un lugar por su esfuerzo y no solo por las apariencias.

Cada tarea que me asignaban la hacía con el mayor cuidado. Quería aprender rápido, no fallar ni decepcionar a quienes habían confiado en mí. Y mientras cumplía con mis labores, en silencio me repetía: "Esto es simplemente el comienzo".

Parte 6 – La familia que no estuvo

Mientras trataba de abrirme camino en el trabajo, mi realidad familiar era otra historia.

Después de la muerte de mi madre, cada uno de mis hermanos siguió su propio camino. Hicieron lo que pudieron con sus vidas, pero ninguno se preocupó por mí. Yo era la menor, la "cuba", como me decía mamá, pero a nadie parecía importarle mi destino.

Contrariamente a lo que soñaba, en lugar de apoyo, recibí abandono. Una de mis hermanas me llevó a su casa, pero no para cuidarme como su familia, sino para explotarme como una empleada doméstica sin salario. No solo trabajaba para ella, también debía aguantar sus humillaciones cada vez que estaba de mal humor.

Yo, que apenas era una adolescente, me vi obligada a soportar palabras que herían más que los golpes y una rutina que parecía no tener final. Me dolía sentir que la misma sangre que corría por mis venas podía tratarme con tanta frialdad.

Fue en esos momentos cuando más entendí que tenía que valerme por mí misma. No podía esperar nada de nadie. Y aunque me doliera el abandono de mis hermanos, esa soledad fue la que me empujó a convertirme en la mujer fuerte que la vida me estaba exigiendo ser.

Parte 7 - El matrimonio que cambió mi rumbo

Cuando cumplí los 17 años, llegó a mi vida alguien inesperado: un hombre de nacionalidad venezolana. Con él tuve una relación diferente, más seria que cualquier otra que hubiera tenido hasta el momento.

A pesar de mi corta edad, fui yo quien tomó la decisión más arriesgada: le propuse matrimonio. Su tiempo de trabajo en Colombia estaba llegando a su fin, y yo no quería que nuestra historia terminara ahí. Teníamos poco tiempo, y yo no estaba dispuesta a que se fuera.

Era joven, linda, segura de mí misma y con ese atrevimiento que siempre me ha caracterizado. Y él aceptó.

Déjenme contarles cómo comenzó esta nueva etapa de mi vida.

Capítulo 6: El matrimonio que cambió mi rumbo

Este hombre especial que apareció en mi vida a mis 17 años, aceptó casarse conmigo de inmediato y deseaba llevarme con él a Venezuela. Fuimos juntos a hablar con el sacerdote para pedirle permiso y poder realizar la boda. Yo todavía no había terminado el bachillerato, y el sacerdote me preguntó con firmeza:

—¿Ya te graduaste?

Yo bajé la mirada y respondí que no, que aún me faltaba un año. Luego, me preguntó por mi cédula, y tuve que admitir que tampoco la tenía, pues aún no había cumplido los 18.

El sacerdote fue claro: no podía casarnos porque yo era menor de edad. Mi novio trataba de convencerlo, explicándole que su tiempo en Colombia ya terminaba y que debía volver a Venezuela porque su contrato en la compañía petrolera había llegado a su fin, y que quería llevarme con él.

Pero no fue posible. El sacerdote, lejos de ceder, fue quien terminó convenciéndolo a él. Le dijo con firmeza:

—Si de verdad la amas, regresarás por ella cuando cumpla los 18 años.

Además, nos impuso una condición: que ambos hiciéramos el curso de preparación matrimonial. Así, cuando él volviera, estaríamos listos para casarnos de acuerdo con la Iglesia y con la ley.

La espera de un año

Ese año de espera fue eterno. Yo tenía a la ilusión y la ansiedad mezcladas en el corazón. Por un lado, me sentía enamorada y segura de que él era el hombre con el que quería casarme; por otro lado, estaba la incertidumbre de si realmente regresaría por mí como me había prometido.

Mientras tanto, continué con mi vida en Colombia. Seguí estudiando para terminar el bachillerato, porque sabía que ese era un requisito no solo para el sacerdote, sino también para mí misma. Quería llegar al matrimonio no como una niña incompleta, sino como una mujer que había logrado al menos cumplir ese primer objetivo.

En mi interior también había algo muy fuerte: seguía queriendo demostrarles a todos que yo no era solo "la niña bonita de la FZ50", como me conocían en el barrio, sino una mujer responsable, capaz de mantenerse por sí misma y merecedora de respeto.

Durante ese tiempo, cada día pensaba en lo que vendría después: una vida nueva, un país diferente, una familia por construir... Esa espera me hizo madurar aún todavía más rápido. Y aunque yo era muy joven, ya sentía que la vida me estaba preparando para un gran cambio.

La cuenta regresiva

En realidad, no tuve que esperar un año completo. Faltaban apenas cinco meses para que yo cumpliera los 18, y esos cinco meses se convirtieron en los más intensos de mi vida.

De día seguía trabajando en Colgate-Palmolive, cumpliendo con mi responsabilidad como siempre lo hacía.

Pero en mis ratos libres mi mente y mi corazón estaban volcados en algo más grande: organizar mi boda.

Era una mezcla entre ilusión y nervios. Yo, con apenas 17 años, estaba planeando el paso más grande de mi vida. Soñaba con el vestido, con la iglesia, con cada detalle de la ceremonia. No quería que me vieran como la niña impulsiva que se casaba por capricho, sino como la mujer joven que había tomado una decisión seria y firme. Recuerdo que no podía dormir pensando en las flores, en quiénes asistirían, en el banquete... Todo lo organizaba con la misma determinación con la que había enfrentado la vida desde que perdí a mi madre. Para mí, esta boda era un nuevo comienzo, una manera de llenar ese vacío y de abrirle la puerta a una vida nueva.

Mientras todos me miraban con escepticismo por mi edad, yo sabía en mi interior que estaba lista. Quizás no para todo lo que vendría después, pero sí para dar ese paso con el corazón lleno de amor y de esperanza.

El gran día

Llegó el gran día. Mi prometido volvió de Venezuela acompañado de toda su familia: su mamá, su papá y su hermana. Juntos fuimos a hablar con el sacerdote, quien, ahora sí, nos autorizó para la boda. Al sábado siguiente, el sueño se hizo realidad.

No tuve a mi padre para que me llevara al altar. Desde la muerte de mi madre, él se puso a beber alcohol y nunca más volví a tener contacto con él. Pocas personas de mi familia asistieron, cada uno había tomado su propio rumbo y yo no contaba con ninguno de ellos. Fue entonces cuando le pedí a mi gran amigo, mi ángel, Arnoldo —a quien hoy recuerdo con amor porque ya está en el cielo— que me acompañara al altar. Él era como un hermano, como un padre para mí, y además había sido el puente para conocer a mi prometido, pues gracias a una fiesta a la que me invitó, terminé encontrando al que sería mi esposo. ¿Quién mejor que él para ser mi padrino y entregarme en el altar?

Ese día caminé de blanco, repleta de nervios y de emoción. Mis amigas de Colgate-Palmolive estaban ahí, también mis vecinos, la gente más humilde que me había apoyado siempre... Y apenas una hermana y unos cuantos sobrinos de mi familia. Los demás brillaron por su ausencia. Pero, lejos de entristecerme, entendí que la vida me estaba mostrando quiénes eran los verdaderos compañeros en mi camino.

La boda fue sencilla pero, a su vez, inolvidable. Hubo fiesta, baile, alegría, y hasta me cambié de vestido para celebrarlo con más ilusión. Recibí la bendición del sacerdote y, en ese momento, sentí que por fin tenía una nueva oportunidad de formar un hogar. Mi familia de nacimiento se había desmoronado demasiado pronto, así que yo misma iba a construir la mía.

El 1 de agosto cumplí 18 años, y el 28 de ese mismo mes, apenas 27 días después, ya estaba casada. Al día siguiente de la boda emprendí el viaje rumbo a Caracas, Venezuela, con el corazón lleno de sueños y de esperanzas. Una niña que había sufrido demasiado temprano, pero que estaba lista para empezar de nuevo.

Capítulo 7: El ángel que me eligió

Después de mi boda, al tercer mes, quedé embarazada de este ángel maravilloso: Paola Andrea. Esperaba con tantas ansias a mi primera hija… Me la imaginaba en mis sueños, pensaba en su rostro, en sus manitas, en su sonrisa... Era tan feliz.

Recuerdo que, a veces, cuando conducía aquel Fiat rojo por las calles de Caracas, me sentía poderosa, llena de vida. Iba a ser madre por primera vez y mi familia estaba creciendo. Claro, ya antes me había estrenado como mamá de mi primer perro, Rocky, el amigo fiel que mi esposo me regaló cuando llegué a Venezuela, para que me hiciera compañía. Pero ahora, la ilusión era otra: estaba a punto de tener a mi propia hija.

Mis primeros momentos en Venezuela estuvieron llenos de una mezcla de luz y de oscuridad, de felicidad y de dolor.

Paola nació el 4 de agosto de 1994, en la ciudad de Caracas, en la Clínica Las Mercedes. Era una niña grande, radiante, de 3,5 kilos y 59 centímetros. Aparentemente estaba muy sana, y verla por primera vez fue como tocar el cielo. La sonrisa de mi bebé quedó grabada en mi corazón, un recuerdo que nunca se borrará.

Capítulo 8: La despedida de mi ángel

Lo que no sabía entonces era que Dios me había elegido para cuidar a un ángel por muy poco tiempo. Hoy puedo comprender que fue una bendición haberla tenido, pero en aquel momento, cuando la perdí, el dolor fue insoportable.

Todo empezó de repente. Paola comenzó con diarrea y rechazo al pecho Como madre primeriza, sin experiencia, sin familia que me acompañara y sin mi madre que me pudiera guiar y decirme qué hacer y me aconsejara, seguí las indicaciones del pediatra que la atendía. Él me dijo que era un virus normal en los bebés. Sin embargo, yo no quedé tranquila. Mi instinto me decía que algo más le pasaba.

Después de intentar todo lo que el primer pediatra me recomendó, yo seguía viendo a Paola con una desesperación que me partía el alma. Era como si me quisiera decir algo con sus ojitos. Rechazaba la comida, y llegó al punto de no aceptar ni siquiera el agua que le daba. Su llanto era constante, desconsolado. La veía muy mal, cada vez más débil, y no podía tranquilizarla. Fue entonces cuando, una tarde, entre lágrimas y desesperación, llamé a mi vecina —quien después se convirtió en mi comadre— para pedirle consejos y el contacto de su pediatra. Yo necesitaba otra opinión, porque, dentro de mí, sentía que algo grave le ocurría a mi pequeña. Tenía que llevarla a otra parte, porque mi corazón me decía a gritos que lo de Paola no era un simple virus. Cuando llegamos, la doctora la revisó y en su rostro se dibujó una seriedad que me heló la sangre. Me dijo que eso no era un virus, que la niña estaba muy mal y que había que internarla de inmediato.

Incluso me advirtió que no sabía si lograría sobrevivir.

Yo no podía creerlo. Recordaba perfectamente el día en que nació en la Clínica Las Mercedes de Caracas: una niña grande, radiante, sana…

Lo que no sabía entonces era que Dios me había elegido para cuidar de ese ángel por muy poco tiempo. Hoy lo entiendo como una bendición, pero en aquel momento, cuando la perdí, el dolor fue insoportable. Ser madre por apenas dos meses dejó un vacío imposible de explicar.

La sala de hospital

La internaron de inmediato. Aquel hospital frío, con pasillos interminables de pisos blancos y olor a desinfectante, se convirtió en mi calvario. Veía camillas correr de un lado a otro, médicos y enfermeras en urgencias constantes. En medio de todo esto estaba yo, con apenas 19 años, abrazando a mi hija y pidiéndole a Dios que no se la llevara.

Los monitores, las agujas, los cables… Todo me resultaba aterrador. Yo rezaba sin descanso: "Señor, déjame criarla, déjame verla crecer". Paola se aferraba a la vida con la misma fuerza con la que yo me aferraba a la esperanza. Pero cada hora era un martirio. Sus ojitos se apagaban poco a poco. Yo sonreía frente a ella para darle paz, pero por dentro me estaba desmoronando.

No entendía por qué la vida era tan cruel conmigo. Ya había perdido a mi madre, ya había sufrido tanto siendo tan joven, y ahora me enfrentaba a la posibilidad de perder lo más valioso que Dios me había regalado.

El diagnóstico

Finalmente, los médicos descubrieron lo que ocurría: Paola había nacido con un problema congénito en su corazón, una transposición de grandes vasos. Su corazoncito funcionaba como el de un pollito: las venas que debían llevar sangre al corazón llevaban oxígeno a los pulmones, y las que debían llevar oxígeno a los pulmones, llevaban sangre al corazón. Todo estaba al revés. Recibir ese diagnóstico fue como un golpe mortal. Los doctores nos hablaron con muy poca esperanza. Aun así, yo seguía rezándole a Dios por un milagro.

Después de la hospitalización

La vida me cambió para siempre en aquel hospital. Estuve casi un mes al lado de Paola, sin moverme de la sala de terapia intensiva. Dormía en un sofá duro, con la ropa arrugada y los ojos hinchados de tanto llorar. No me importaba nada, solo quería estar con ella. Verla conectada a tubos, monitores y agujas me partía el alma, pero también me daba fuerzas para no despegarme de su lado ni un segundo.

Finalmente, lograron estabilizarla. Nunca olvidaré a la doctora que cuidó de Paola en aquella primera hospitalización. La ternura con la que me miraba era un reflejo del dolor que también llevaba dentro. Los médicos me recomendaron llevarla a casa, cuidarla mucho y, sobre todo, tomarle muchas fotos. Esa recomendación me heló la sangre y me atravesó como un presagio: querían que atesorara recuerdos, porque lo que venía era decisivo. La gran intervención, la cirugía que podía definir su vida.

El diagnóstico era brutal: Paola tenía apenas un 1% de probabilidades de sobrevivir. Si lograba salir de la operación, sería una niña normal, con una vida por delante. Pero si no se operaba, la muerte sería inevitable, arrastrándola con sufrimientos aún peores que los que ya estaba pasando.

Yo no quería verla sufrir más. Tomar esa decisión fue el acto más duro de mi vida. Apenas llevábamos un año casados, éramos muy jóvenes y no contábamos con dinero para costear semejante operación. Mi esposo trabajaba en una empresa, pero lo que ganaba apenas alcanzaba para lo básico.

Y, entonces, sucedió un milagro disfrazado de solidaridad. Sus compañeros de trabajo, al conocer nuestra situación, se unieron como una familia. Organizaron colectas, abrieron una cuenta bancaria y reunieron el dinero para ayudarnos. Recuerdo con lágrimas en los ojos cómo cada uno aportaba lo que podía, algunos incluso más de lo que tenían. Aquella unión de voluntades fue la que abrió el camino hacia la cirugía. Gracias a ellos fue posible cubrir los gastos de una intervención que nunca antes se había realizado en Venezuela. Era la primera vez en Venezuela y la segunda vez en el mundo que se intentaba corregir un problema congénito tan inusual como el de mi hija.

La gran intervención

Nos dijeron que la operación duraría entre cuatro y cinco horas, pero finalmente duró trece. Trece horas de angustia y de oración.

El día de la intervención, cuando acostaron a Paola en la camilla para llevarla a terapia intensiva, ocurrió algo que quedó grabado para siempre en mi alma. Ella me miraba... Esa mirada, profunda y serena fue un adiós que yo no supe leer en ese momento. Mientras los médicos la conducían por los pasillos, yo corría a su lado, desesperada, con lágrimas cayendo sobre mi cara, y en sus ojos también se formaban lágrimas, como si ella se estuviera despidiendo. Yo gritaba, suplicaba, rezaba. Me encomendé a Dios, a la Virgen, a José Gregorio Hernández, a cada santo que me decían. Pedía que me devolvieran a mi hija, que le dieran otra oportunidad. Fuera de la sala, esperaba con una vela encendida entre mis manos temblorosas. Cada minuto se sentía como una eternidad. Los médicos salían con el rostro desencajado, golpeándose la cabeza, como si también se sintieran derrotados por la fragilidad de aquella vida. Y, entonces, un viento helado recorrió el pasillo. Pasó por mi rostro y apagó la vela que sostenía. En ese momento lo supe: algo se había apagado también dentro de mí.

Poco después, la doctora salió y me dijo con infinita tristeza:
—Entra... Paola se acaba de ir.

Ese momento se quedó tatuado en mi corazón. Nunca lo olvidaré.

Reflexión

Perder a Paola fue como perderme a mí misma. A mis 19 años ya había conocido dolores que muchas personas no viven en toda una vida: la muerte de mi madre, el abandono de mi familia y, ahora, la partida de mi primera hija. Sentía que el destino me golpeaba sin cesar, como si quisiera ponerme a prueba, poner a prueba a mi resistencia, una y otra vez.

Con el tiempo entendí algo: Paola vino a enseñarme. Su paso fugaz por este mundo me mostró que el amor verdadero no se mide en años, sino en intensidad. En tan solo dos meses me transformó para siempre en madre, y ese título jamás me lo podrá quitar el dolor ni la muerte.

El vacío que dejó en mi corazón no se llenará jamás, pero aprendí a caminar junto a él. Cada lágrima me hizo más fuerte; cada recuerdo me recordó lo frágil y lo precioso que es el tiempo con quienes amamos.

No sabía entonces que mi vida aún tendría muchos capítulos más: pruebas, luchas, caídas y también triunfos. Pero, después de Paola, nunca volví a ser la misma. Entendí que, incluso con el corazón roto, una puede levantarse y seguir caminando.

Paola fue, es y será siempre mi ángel. Mientras viva, la llevaré conmigo en cada paso. Ella me enseñó que la vida puede ser cruel, pero también me reveló la verdad más grande: el amor de una madre es eterno, incluso más allá de la despedida.

Capítulo 8: Reconstruyéndome en Venezuela

Después de la partida de Paola, mi vida quedó marcada por un dolor imposible de explicar. Con apenas 19 años, tuve que enfrentar la muerte de una hija, y aunque me sentía rota por dentro, la vida me obligaba a seguir adelante.

Estaba en un país que no era el mío, lejos de mi tierra y de mis raíces, con un matrimonio recién empezado y un futuro incierto. Había días en los que no quería levantarme de la cama, en los que el silencio de la casa me recordaba a mi bebé y me partía el alma. Pero también había algo dentro de mí que me empujaba: la necesidad de reconstruirme, de no dejarme vencer por la tristeza. Me costaba mucho salir a la calle. Ver a otras mamás llevando a sus bebés era un golpe directo al corazón. Me preguntaba una y otra vez: "¿Por qué yo no? ¿Por qué a mí me tocó perderla?". Esa pregunta me perseguía como una sombra.

El dolor era tan grande que tuve que buscar ayuda psicológica. Necesitaba a alguien que me guiara, que me diera herramientas para poder levantarme, reconciliarme con la vida y, algún día, tener fuerzas para poder volver a intentar ser madre.

Mi esposo estaba a mi lado, aunque cada uno vivía el duelo a su manera. Yo intentaba ser fuerte, porque siempre había sido así: desde que perdí a mi madre, desde que me quedé sola, desde que la vida me enseñó que no podía derrumbarme.

Venezuela era ahora mi hogar, y entre sus calles, su gente y su ritmo distinto, tuve que empezar a reinventarme. Era como aprender a vivir de nuevo, con un vacío en el pecho, pero con la esperanza de que aún había caminos para recorrer en mi vida.

Capítulo 9: La esperanza renace

El tiempo, aunque pasaba lento y doloroso, empezó a darme pequeñas señales de que la vida no había terminado para mí. La ayuda psicológica fue un soporte fundamental. Aprendí a llorar sin sentirme culpable, a aceptar que Paola había sido un ángel prestado, y que aunque solo estuvo dos meses conmigo, me transformó para siempre en madre.

Pasaron los meses, y poco a poco volví a sentir esa ilusión en mi corazón. La idea de ser madre de nuevo ya no me parecía imposible. Tenía miedo, claro, miedo de volver a perder, pero también tenía un deseo inmenso de llenar mis brazos vacíos.

Venezuela me fue mostrando otro rostro: el de la esperanza. Entre el trabajo, mi matrimonio y las nuevas amistades que iba construyendo, empecé a sentirme más fuerte. No se trataba de olvidar a Paola —eso no sería posible—, sino de honrarla viviendo y dándome la oportunidad de amar otra vez.

Un día descubrí que estaba embarazada. El corazón me latía a mil. Era una mezcla de alegría, de miedo y de gratitud. Le pedí a Dios, con todas mis fuerzas, que me dejara vivir la experiencia completa, que me permitiera criar, cuidar y ver crecer a este nuevo ser que venía en camino.

Ese embarazo se convirtió en mi renacer. Cada latido, cada movimiento dentro de mí, era una señal de que la vida seguía, de que todavía tenía motivos para sonreír. Y aunque el dolor por Paola nunca se apagó, la esperanza se encendió de nuevo.

El nacimiento de Paul André

Más tarde descubrí que el bebé que venía en camino era un niño. Sentí un torbellino de emociones: muchos nervios, ilusión y, sobre todo, miedo. Solo le pedía a Dios que mi hijo fuera sano y que no se repitiera el mismo dolor que viví con Paola.

Me sometí a todos los exámenes habidos y por haber, incluso a estudios que no eran comunes para una mujer embarazada. Quería estar absolutamente segura de que mi bebé llegaría fuerte y saludable. Y así fue. Cada resultado me devolvía un poco de paz. Los meses fueron pasando, mi barriga fue creciendo y, con ella, mi esperanza. Rocky, mi fiel amigo, parecía comprenderlo todo. Ese perro blanco tan noble y hermoso se acercaba a mi vientre como si lo contemplara, como si protegiera a quien venía en camino. Me acompañaba en mis caminatas al parque, y en sus ojos veía reflejada mi emoción. Él también estaba esperando al nuevo miembro de la familia.

Yo había decidido que, en honor a mi ángel, Paola Andrea, este bebé llevaría un nombre ligado al suyo. Lo llamé Paul André. Así, de alguna manera, siempre estarían unidos.

El gran día llegó. El parto fue intenso, pero mi corazón estaba lleno de gratitud. Y cuando lo sostuve en mis brazos, comprendí que Dios me había escuchado. Era un niño fuerte, radiante... ¡Y era el más grande del hospital! Mi cabezón, mi Paul André, había llegado a llenar de vida y esperanza mis días.

Mi vida con Paul André

Ser madre de Paul André fue como volver a nacer yo también. Después de tanto dolor y de tantas pérdidas, tenerlo en mis brazos me dio una razón enorme para luchar. Yo tenía 21 años, y con su llegada mi corazón se llenó de una madurez que nunca imaginé. Mis días comenzaron a girar alrededor de él: sus llantos, sus risas, sus primeras miradas... Cada noche sin dormir valía la pena con tal de verlo crecer. Yo, que había cargado con tantas cicatrices a tan corta edad, ahora encontraba el alivio en sus manitas pequeñas y en su olor a vida.

En ese tiempo no trabajaba ni estudiaba, mi vida giraba completamente en torno a Paul André. Sin embargo, durante mi embarazo descubrí un nuevo camino en mi vida: aprendí a confeccionar lencería y ropa. Era mi manera de entretener a la mente, de sentirme productiva y de soñar con darle un futuro mejor a mi hijo. Con mis propias manos empecé a coser piezas que luego vendía, y poco a poco aquello se convirtió en una forma de ayudar en la casa. No fue fácil. Estaba en un país ajeno, lejos de mi familia, sin mi madre, que tanto había soñado acompañara mis maternidades. A veces me sentía muy sola. Pero bastaba con mirar a Paul André para entender que ya no podía rendirme. Él dependía de mí. Rocky también se convirtió en su guardián. No se despegaba de la cuna y parecía vigilar cada movimiento, como si supiera lo importante que era cuidar a ese nuevo integrante de la casa. Paul André se convirtió en mi motor, en la luz que me sacaba del dolor, en la esperanza que me reconcilió con la vida.

Con el paso del tiempo, llegó un cambio inesperado. Por motivos de trabajo de mi esposo, tomamos la decisión de volver a Colombia. Era un salto lleno de incertidumbre, pero también de ilusión. Dejábamos atrás la tierra que me había dado a Paul, para volver a mis raíces. Bogotá nos recibió con su ritmo acelerado, con su frío particular y con sus calles congestionadas. Pero, al mismo tiempo, sentí que la ciudad me abría los brazos de nuevo. Era como reencontrarme conmigo misma, en mi país, en mi tierra, aunque con una vida totalmente distinta: ahora, era madre.

Ese regreso marcó un antes y un después en mi vida. Bogotá se convirtió en el escenario donde Paul crecería, donde yo tendría que volver a empezar, y donde encontraría nuevas fuerzas para seguir escribiendo mi historia.

En Bogotá también se abrieron nuevas oportunidades. Tuve la posibilidad de trabajar como modelo en algunas agencias, un mundo que me permitió explorar otra faceta de mí. Al mismo tiempo, Paul tuvo la experiencia de participar en telenovelas y comerciales para la televisión infantil colombiana. Fueron momentos hermosos, llenos de emoción, de orgullo y de satisfacción, que nos dejaron recuerdos imborrables. Sin embargo, no todo fue alegría. Poco tiempo después, llegó la ruptura de mi matrimonio. Fue un divorcio pasivo, sin peleas ni conflictos, un acuerdo amistoso donde prevaleció el respeto. Esa etapa cerró un ciclo en mi vida y dio paso a uno nuevo: el de convertirme en madre soltera.

A pesar de la separación, Alfonso siempre fue un buen padre. Me apoyó y estuvo presente en la vida de su hijo. Nunca dejó de cuidarnos, y por eso le guardo gratitud.

Ese fue el final de mi historia como esposa, pero el inicio de una nueva vida como mujer y madre, llena de retos y de aprendizajes, con el amor de Paul André como mi mayor fuerza.

Reflexión

Mirando hacia atrás, entendí que no hay finales tristes cuando de ellos surgen nuevos comienzos. El matrimonio llegó a su fin, sí, pero la vida me regaló la oportunidad de redescubrirme, de crecer y de enfrentar la maternidad desde otro punto de vista. Paul André se convirtió en mi compañero de camino, en la razón para no rendirme. Y aunque las despedidas siempre duelen, también abren la puerta a nuevas oportunidades.

Como madre soltera, empecé a abrirme camino en un mundo distinto. Bogotá me brindó oportunidades que nunca imaginé: trabajé como modelo en algunas agencias y participé como extra en telenovelas y en pequeños comerciales de la televisión colombiana. Eran pasos modestos, pero para mí significaban un respiro y el inicio de mi camino para conseguir la independencia.

Me estaba dando la oportunidad de vivir como mujer soltera. Era muy joven, apenas tenía 21 años, con sueños, ilusiones y la energía de empezar de nuevo. En medio de esa nueva etapa, disfrutaba de las salidas, las amistades y la vida en una ciudad vibrante como Bogotá.

Fue en una de esas salidas donde conocí a una persona que, en un principio, me deslumbró. Su carisma, su forma de hablar, la atención que me brindaba... Parecía todo lo que una mujer joven podía desear. Nunca imaginé que detrás de esa sonrisa y esas palabras se escondía la oscuridad más grande que llegaría a mi vida.

No lo sabía entonces, pero me estaba cruzando con un hombre peligroso y muy volátil. Con él comenzaría una historia que marcaría profundamente mi existencia. Él se convirtió en mi segundo esposo, pero también en mi verdugo.

Hasta hoy, sigue siendo la sombra que me persigue. Si tuviera que darle un nombre a la oscuridad que me ha acompañado tantos años, sería el suyo.

Bienvenidos a la parte más difícil, más cruda y más oscura de mi vida.

Capítulo 10: El verdugo

Esa persona me conquistó con sus atenciones, con sus palabras dulces y su aparente ternura. Me hacía sentir vista, valorada y cuidada. Al cabo de tres meses, estaba completamente deslumbrada por él y terminé tomando una de las decisiones más drásticas de mi vida: dejarlo todo y mudarme con él a Estados Unidos.

Con mi hijo en brazos, crucé la frontera y llegué a Houston, Texas, convencida de que estaba empezando un nuevo capítulo de felicidad. Al tercer mes de Convivencia juntos, recibí una noticia que me llenó de ilusión: estaba embarazada de mi hija Samantha. Creía que la vida me estaba sonriendo de nuevo.

Durante los primeros seis meses todo parecía un cuento de hadas. Vivía en lo que yo llamaba un palacio y este hombre me complacía en todo. Llegó al extremo de instalarme un ascensor privado en la casa para que no tuviera que subir escaleras. A Paul y a mí no nos faltaba absolutamente de nada. Nos daba más de lo que realmente necesitábamos. Con mi embarazo, me rodeaba de cuidados: tenía acceso a un club exclusivo en Houston, donde encontraba un refugio para ejercitarme y distraer mi mente. Yo me sentía como una reina... Protegida, amada y rodeada de lujos que nunca había imaginado tener.

Pero la felicidad era un espejismo. Detrás de aquella sonrisa encantadora y de esos gestos que me envolvieron, se escondía un verdugo, un hombre maniático, con un demonio interno que solo el tiempo me dejaría ver. Fui descubriendo, poco a poco, que era adicto a las drogas y que a mis espaldas consumía todo tipo de narcóticos para aparentar normalidad.

Seis meses me bastaron para entender que el palacio era en realidad una prisión dorada y que mi vida, otra vez, estaba a punto de dar un giro doloroso. El verdadero rostro del demonio empezó a salir a la luz.

Durante esos meses me dediqué a cuidarme al máximo. Me inscribí en una escuela para aprender inglés, y eso me hacía sentir que estaba creciendo, que estaba construyendo un futuro mejor. Paul, mientras tanto, asistía a una de las mejores escuelas privadas de Houston. Todo parecía perfecto: estabilidad, abundancia y la sensación de que, por fin, la vida me estaba sonriendo.

Mientras él dormía hasta las dos o tres de la tarde, yo llenaba mis días con los quehaceres del hogar, con la maternidad y con la preparación para la llegada de mi hija. Me refugiaba en el ejercicio, en los pequeños logros de aprender un nuevo idioma y en ver a Paul feliz y protegido.

Así transcurrió mi embarazo, con una apariencia tranquila y privilegiada.

Pero la verdad no tardaría en llegar. Un día, la máscara cayó. El día que descubrí que aquel hombre consumía drogas.

Entonces, lo confronté. Y fue en ese momento cuando comenzó mi verdadero martirio, cuando apareció el verdugo, el demonio oculto detrás de los lujos y las atenciones.

Viajábamos con frecuencia a Nueva York. Al principio eran viajes llenos de emoción y entusiasmo por conocer nuevos lugares y vivir nuevas experiencias. Sin embargo, detrás de esa apariencia de lujo y deslumbramiento, se escondía una verdad oscura. Él siempre se reunía con su grupo de amigos, la mayoría, consumidores de cocaína.

Yo estaba embarazada, con cinco meses ya de gestación, y me cuidaba muchísimo: hacía ejercicio, iba al club, me alimentaba bien. Mi figura se mantenía casi intacta, salvo por mi barriga que crecía hermosa con la vida que llevaba dentro. Pero, un día, en medio de una de esas reuniones, sucedió lo impensable. Sus amigos, sabiendo perfectamente mi estado, me retaron a probar la droga. Yo nunca había visto la cocaína en mi vida, mucho menos imaginaba que me invitarían a consumirla estando embarazada.

Lo más doloroso fue que él no solo lo permitió, sino que lo fomentó. Esa fue la primera vez que vi con claridad la magnitud de su locura. Yo lo miraba y pensaba: "¿Cómo puede ser capaz de exponerme a esto sabiendo que llevo a su hija en mi vientre?".

Salí corriendo de ese apartamento en plena madrugada. Eran casi las tres de la mañana. Corrí por las calles de Nueva York, desesperada, buscando un taxi que me llevara de regreso al hotel donde estábamos hospedados. En aquel momento sentí mucho miedo, impotencia y una soledad inmensa.

Además, la relación con sus padres era otro abismo. Él nunca se llevaba bien con ellos; de hecho, se trataban casi como enemigos. Me decía que era porque nunca me aceptaron, y en parte era verdad. Su madre, especialmente, era una mujer profundamente racista. Para ella, las latinas no valíamos nada, nos trataba como si fuéramos basura. Ese rechazo marcó aún más nuestra vida como pareja, porque él usaba esa enemistad como excusa para justificar sus odios y sus comportamientos.

En medio de todo ese caos, llegó Samantha. Al mes de su nacimiento, él me pidió que nos casáramos. Me prometió dejar las drogas, me prometió cambiar, me prometió que seríamos una familia unida y feliz. Yo, aferrada a la ilusión y a las promesas, lo acepté.

Pero aquellas promesas nunca se cumplieron.

Entre todos estos hechos, él tuvo un giro inesperado. De repente, comenzó a asistir a una iglesia cristiana en Houston, y pronto me llevó con él. Me decía que había encontrado un camino de fe, que Dios lo estaba transformando. Yo quería creerle, porque en mi corazón aún existía la esperanza de tener una familia estable. Llegamos a presentar a nuestros hijos en esa iglesia. Samantha apenas tenía apenas un mes de vida cuando la llevamos ante el famoso pastor de Houston, Joel Osteen. Para mí fue un momento emotivo: ver a mis hijos bendecidos en aquel lugar me hacía pensar que tal vez todo esto podía cambiar.

Fue en esa misma iglesia donde nos casamos. Un matrimonio sencillo, sin la presencia de mi familia, sin grandes celebraciones. Solo uno de sus amigos —también consumidor de drogas— nos acompañó junto a su pareja y aceptaron ser nuestros padrinos de bodas. Prefiero no revelar sus nombres, porque no fueron el mejor ejemplo de compañía en ese día tan importante.

Yo vestida de blanco nuevamente, él con su traje elegante, Paul caminando a nuestro lado y Samantha en mis brazos. Después de la ceremonia fuimos a cenar a un restaurante lujoso, de esos que a él tanto le gustaba ir. Aquel momento fue especial, íntimo y bonito, dentro de lo sumamente confusa que estaba siendo mi vida.

Seguimos asistiendo a la iglesia durante un tiempo, pero esa aparente transformación pronto se volvió una nueva excusa para justificar sus decisiones impulsivas. Una tarde llegó a casa con un aire solemne, y me dijo que Dios le había hablado. Según él, había recibido instrucciones divinas: teníamos que mudarnos a Panamá, porque allí estaba el nuevo camino que Dios había marcado para nosotros.

Llegamos a ese punto de la relación en el que ya no tenía derecho a opinar ni a rehusarme. No podía decir "no". Él decidió que nos mudaríamos a Panamá, y yo solo pude bajar la cabeza y aceptarlo.

Con su tono autoritario, me dijo:

—En tres días llega el camión de la mudanza a recoger todo. Prepara únicamente una maleta pequeña, sencilla, con lo necesario para ti y para los niños. No te preocupes por lo demás, si la mudanza no llega a tiempo, para eso está el dinero, mi amor. Compraremos todo lo que haga falta.

Así era él, todo lo resolvía con dinero. Como si el dinero pudiera tapar la falta de respeto, las drogas, las decisiones unilaterales... Y yo, con un nudo en la garganta, hice lo que me pidió, guardé lo básico, lo más importante para mis hijos y nos fuimos. Cuando llegamos a Panamá comenzó una nueva etapa. Allí, el verdugo volvió a transformarse en un "ángel", en el hombre generoso que todos admiraban. Se mostraba como un salvador, incluso llegó a presentarse como el protector de la comunidad judía. Para todos era un hombre ejemplar, un benefactor.

Pero yo sabía que detrás de esa máscara aún se encontraba el mismo demonio.

Aquí empieza otra historia, una de las más intensas y reveladoras de mi vida. Síganme, porque lo que ocurrió en Panamá marcó profundamente mi camino.

Capítulo 11: Panamá: El verdugo disfrazado de ángel

En Panamá, el verdugo se reinventó. Decía que había llegado con una misión divina: convertirse en el salvador del pueblo judío. Comenzó a buscar una iglesia cristiana mesiánica, hasta encontrar una pequeña comunidad humilde, muy pobre, que lo recibió con los brazos abiertos.

Con palabras grandilocuentes les aseguró que Dios lo había mandado para salvar al pueblo judío de Panamá. Allí lo escuchaban con admiración, y poco a poco aquella comunidad comenzó a organizarse en torno a él. Construyeron una iglesia, empezaron a reunirse, y él se presentaba vestido como un rabino, como si realmente fuera un líder espiritual.

Mientras tanto, nuestra vida era un contraste brutal. Él nos llevó a vivir al Mirage, uno de los edificios más lujosos de Panamá. Nunca olvidaré aquel *penthouse* en el piso 33, con todo el lujo y el derroche que podía comprarse con dinero. Vivíamos como millonarios, rodeados de comodidades, mientras él se codeaba con los más pobres de los pobres en los barrios marginales.

Se compró una moto y en ella recorría las calles para llegar hasta esa comunidad. Allí lo recibían como a un mesías, lo tocaban, lo reverenciaban y lo miraban con devoción.

Lo irónico era que en el Mirage, la mayoría de nuestros vecinos eran judíos de verdad, familias respetadas y de larga tradición en Panamá. Sin embargo, él jamás se presentó ante ellos con la imagen que mostraba en la comunidad pobre.

Sabía que nunca lo aceptarían. Para ellos no era más que un extraño, un loco con delirios de grandeza.

Y aun así, él estaba convencido de que si lograba hacer crecer esa pequeña iglesia, algún día tendría la oportunidad de hablarle directamente al pueblo judío.

Él estaba convencido de que podía hablarle al pueblo judío y salvarlos, así me lo repetía una y otra vez. Lo peor era que me obligaba a acompañarlo a reunirse con aquella gente humilde de la comunidad mesiánica. Muchas veces fui en contra de mi voluntad. Me hacía vestirme como judía, cubrirme la cabeza con prendas que yo detestaba. Yo me rehusaba, discutíamos terriblemente, pero al final cedía para evitar confrontaciones delante de los niños.

Yo no me sentía parte de aquello. Las reuniones eran oscuras, cargadas de algo que me helaba por dentro. La forma en la que rezaban y predicaban me parecía casi satánica. Pedían castigos para quienes no los obedecieran, para quienes no apoyaran su causa. Recuerdo especialmente a una mujer —prefiero no revelar su nombre— que lideraba aquel grupo junto con Jerry, el verdugo. Ellos invocaban a espíritus y clamaban maldiciones sobre las personas que se apartaban de su camino. Yo observaba todo eso con gran espanto. Nunca quise estar allí, nunca acepté ese tipo de prácticas, pero una y otra vez terminaba arrastrada por obligación. Y lo más irónico de todo era lo que ocurría después. Tras aquellas reuniones, en las que él jugaba a ser el "mesías", regresaba a casa y se encerraba hasta altas horas de la madrugada, consumiendo marihuana y otras drogas. Se quedaba despierto hasta las tres o cuatro de la mañana, mientras yo me iba a dormir con los niños. Al día siguiente, como cualquier madre, me levantaba temprano para llevar a Paul a la escuela, atender a Samantha y ocuparme de la casa. Sí, tenía empleadas, niñeras y cuidadoras, porque el dinero lo compraba todo. Vivía como millonaria, rodeada de lujos en aquel *penthouse* del piso 33. Pero, aun así, era yo quien participaba en todo lo relacionado con mis hijos, porque mi esposo dormía hasta tarde, agotado de sus noches de excesos. En medio de aquella contradicción vivía yo: atrapada entre un "profeta" que engañaba a una comunidad pobre y un verdugo que me desgastaba en casa.

Llegó un momento en el que ya no pude más. Mi vida se había vuelto invivible. Teníamos lujos, propiedades, una casa en la playa, una *penthouse* en la ciudad… Pero nada de eso llenaba el vacío ni sanaba el dolor que me causaba vivir con él. Yo no era feliz y mis hijos tampoco.

Jerry no sabía ser un padre de una familia normal. Todo su empeño estaba en profetizar con ese grupo mesiánico al que llamaba "el pueblo de Dios". Quería salvar a los judíos, mientras vivíamos en medio de una comunidad judía cerrada que ni siquiera nos reconocía. Nosotros no éramos judíos, pero él deseaba desesperadamente ser aceptado por ellos. Su delirio iba creciendo y, con él, mi infierno.

Las discusiones se convirtieron en peleas constantes. Me agredía físicamente, me perseguía por toda la casa y yo tenía que defenderme como podía. Recuerdo una ocasión en que lo enfrenté con un palo de escoba porque, de no hacerlo, me hubiera golpeado más fuerte. Muchas veces recibí sus cachetadas simplemente por decir que no quería ir a ese grupo religioso.

Para controlarme aún más, despidió a mis empleadas y trajo a las mujeres de la iglesia para que trabajaran en mi casa. Eran personas que no sabían cocinar, ni cuidar de los niños, pero él las impuso en mi vida. Yo me rehusaba a aceptarlas, y eso desató una pelea aún mayor. Aquella discusión terminó con golpes. Me agredió tan fuerte que tuve que llamar a la policía. Se lo llevaron detenido, aunque solo por un día: pagó y salió libre, como suele suceder en Latinoamérica, donde el dinero lo arregla todo.

Después de esa noche, entendí que tenía que ser más astuta. Jugué el papel de la enamorada sumisa, la esposa que cedía a todos sus caprichos. Fingí obediencia, fingí cariño y le pedí permiso para viajar a Colombia a visitar a mi familia. Él, confiado, aceptó. Me llevó al aeropuerto sin sospechar nada.

Ese día, al abordar el avión, supe que empezaba una parte crucial de mi historia.

Síganme para conocerla...

Estando en Colombia, conseguí unos abogados a través de unas amistades —cuyos nombres luego revelaré—, que también fueron ángeles que Dios puso en mi vida y ahora son grandes amigos. Entonces, contraté a un abogado en Panamá para realizar una demanda por divorcio, despojarme completamente de este verdugo y quedarme en Colombia.

Estando en Colombia, conseguí un apartamento y compré algunos muebles. Tenía dinero en el banco de lo que el padre de Paul aportaba y algunos ahorros que yo tenía. Tenía dinero suficiente para conseguir un apartamento, amueblarlo, poner a Paul a estudiar en la escuela y realizar mi demanda de divorcio para liberarme de ese verdugo y no regresar más a Panamá, a ese infierno.

Cuando a mi exesposo le notificaron que yo estaba en proceso de divorcio, él empezó a decirme que dejaría todo, que lo más importante era su familia y pedía que lo dejara ir a verme en Colombia, que él viajaría a visitarnos. Yo le dije que no y lo mantuve así aproximadamente tres meses.

Al cabo de tres meses cedí, pensé que realmente él había cambiado. Cuando llegó a Colombia, me trajo un regalo, lo recuerdo bien. Fuimos a almorzar y después del almuerzo me dijo que quería llevar a mi hija Samantha al parque, pero que deseaba estar solo con ella, padre e hija. Yo lo notaba tan normal que realmente creí que había cambiado, y lo acepté.

No sabía que él estaba planeando robarse a mi hija. Tenía todo arreglado: le había sacado un pasaporte falso, aprovechando que por sus padres él era ciudadano español, y en la embajada de España presentó documentos falsos asegurando que yo estaba recluida en un hospital psiquiátrico en Colombia. Con dinero y sobornos consiguió el pasaporte y sacó a Samantha del país. Él debía regresar con la niña después de llevarla al parque, pero nunca llegó. Eran como las seis de la tarde y yo estaba desesperada porque no aparecían. De repente, sonó el teléfono de mi casa: era una llamada anónima. Me dijeron que mi hija Samantha y mi esposo, el verdugo, estaban secuestrados por un grupo guerrillero en Colombia y que no podía avisarle a las autoridades porque, si lo hacía, ellos sabían dónde estaba yo con Paul y nos matarían.

Con esa llamada entré en un caos. Entonces, llamé a un amigo mío que trabajaba en la embajada americana y le pedí que viniera a mi casa. Vino a mi casa, le expliqué todo, y me dijo: "esto no es un secuestro". Él era una persona que trabajaba tratando de descubrir cosas, era como un detective. Y, pues claro, él sabía que los secuestros no se hacen así, que no se manejan de esa forma. Entonces, me pidió la información de mi esposo y de mi hija. Fue al aeropuerto y me dio la noticia que mi hija y mi esposo habían salido en un vuelo de Iberia para Madrid. Se podrán imaginar cómo me quedé yo cuando recibí esa noticia… De nuevo, volvía a perder a mi hija. Primero a Paola, ahora a Samantha. Qué dolor tan grande, tan profundo… ¿Dónde encontraría yo ahora a ese verdugo para reclamarle por mi hija? Lo único que me quedaba era llamar a sus padres. Su madre, claro que lo sabía todo. Yo la llamé llorando y ella me siguió el juego, como si realmente me fuera a dar el dinero. Ah, porque los secuestradores me pidieron dos millones de dólares por el rescate. Siguiendo las instrucciones de mi amigo, yo le conté todo lo que estaba pasando.

Ella sabía todo. Aunque en ese momento se encontraba en Nueva York, estaba lista para viajar a Madrid cuando su hijo llegara allí, con el propósito de ayudarlo a cuidar a Samantha. Mientras tanto, me hacía creer que estaba dispuesta a mandarme el dinero que los supuestos secuestradores me pedían. Yo también le seguía el juego, porque ya sabía la verdad: que él y Samantha estaban en dirección a Madrid.

Su familia era tan mala como él. O simplemente era su madre, por ayudarlo en sus maldades. Pero ella nunca quiso darse cuenta de la perversidad que ese verdugo encerraba.

Ahí empieza otro calvario de mi vida. Síganme para conocerlo.

Cuando confirmé que mi hija estaba de camino a Madrid, sentí que el mundo se me venía abajo. Fueron días y noches sin dormir, pensando qué hacer, cómo actuar. No tenía paz, no tenía calma, mi vida era un infierno. Me movía entre la rabia, la tristeza y la desesperación de no tener a mi hija conmigo.

El verdugo, mientras tanto, desde Madrid empezó a llamarme con una actitud triunfante, como si hubiera ganado una batalla. Me decía que la niña estaba bien, que estaba cuidada, que lo aceptara y que dejara de luchar, porque ya no podía hacer nada. Sus llamadas eran frías y manipuladoras, pero las disfrazaba con palabras de amor. Me repetía una y otra vez que yo era la mujer de su vida, que era la pieza exacta que Dios había puesto en su camino para completar la misión de "salvar a los judíos". Imaginen el dolor que sentía escuchando a ese hombre hablarme con tanta frialdad, como si Samantha fuera un trofeo y no nuestra hija. Mientras tanto, su madre, que había viajado desde Nueva York a Madrid, ya estaba allí instalada para ayudarlo a cuidar a la niña. Ella me llamaba para seguirme el juego, hablándome como si estuviera de mi lado, cuando en realidad estaba apoyando todas las maldades de su hijo. Tenía una doble cara, que con el tiempo entendí que nunca cambiaría.

Yo, en medio de mi angustia, busqué apoyo en más abogados, en contactos, en amistades. La justicia era lenta, los procesos eran eternos, y mi verdugo tenía dinero, contactos y la nacionalidad europea de su lado. Todo eso lo hacía más fuerte ante la ley y más difícil de enfrentar para mí.

Recuerdo que en esos días sentí que estaba perdiendo las fuerzas, pero algo dentro de mí me decía que no podía rendirme, que no podía dejar a Samantha en manos de ese hombre y de su familia. Era mi hija, mi sangre, y la iba a recuperar como fuese.

Aquí empieza otra etapa de lucha, de dolor, de estrategias y de lágrimas. Una batalla de madre contra verdugo. Una lucha desigual, pero con un motor mucho más fuerte que cualquier maldad: el amor por mis hijos.

Como parte de su manipulación, el verdugo me ofreció una salida: la única manera de volver a ver a Samantha era someterme a un proceso psicológico con una mujer que él mismo había elegido en Colombia, una psicóloga de esa religión mesiánica que él seguía. Me dijo que debía asistir a las sesiones el tiempo que ella dispusiera, y que solo cuando ella certificara que yo estaba "lista" para nacer en esa religión, él me enviaría los documentos para poder entrar a España. Yo no tenía otra escapatoria. Él había retenido mis documentos de residencia en Estados Unidos y todo lo relacionado con mi pasaporte. Estaba completamente a su merced. No podía salir de Colombia, no podía moverme sin su autorización. Era como estar atrapada en una jaula invisible.

No tuve más remedio que obedecer. Me sometí a esas terapias durante tres meses, diciendo "sí" a todo lo que me pedían, aunque por dentro me desgarraba. Todo por volver a ver a Samantha. Finalmente, después de ese tiempo, él cumplió su palabra y me permitió viajar a España. Fue entonces cuando tomé la decisión más dura: dejar a Paul André en Bogotá, al cuidado de mi sobrina. No quería arrastrarlo más a aquella locura. Tenía una única misión en mi corazón: recuperar a Samantha y huir de nuevo, pero esta vez sin darle una segunda oportunidad a aquel verdugo. Cuando llegué a España, él ya me estaba esperando…

Me recibió con los brazos abiertos, fingiendo amor, pero enseguida comenzó con su manipulación. No me dejaba salir de la casa sin su autorización. Me obligaba a vestirme como si perteneciera a una religión musulmana, con la cabeza cubierta. Podía salir sola, sí, pero nunca con Samantha; con ella siempre tenía que estar bajo su control.

Seguía con sus viejas excusas: se acostaba a las 4 o 5 de la mañana, diciendo que trabajaba en el horario de la India, igual que lo había hecho en Panamá. Supuestamente especulaba con el petróleo y movía dinero en el mercado internacional. Yo sabía que todo era una mentira más, pero guardaba silencio.

En medio de esa vida controlada decidí hacer algo por mí. Me registré en un gimnasio y empecé a ir muy temprano, mientras él dormía. Pero lo más importante fue que logré matricularme en una universidad para estudiar nutrición. Durante casi dos años estudié a escondidas, y él nunca lo supo. Contraté una niñera que él mismo había aprobado, y mientras le decía que iba a hacer compras o ejercicio, en realidad me iba a las clases. Esa doble vida era mi refugio.

Aunque vivía sometida, también tenía acceso total al dinero. Podía comprar ropa, ir al mercado e incluso adquirir un carro si yo quería. Claro, todo mientras estuviera bajo su sombra. Porque cuando me rebelaba o me alejaba, como ocurrió en Colombia, cancelaba todo y me dejaba sin nada.

Durante ese tiempo, logré viajar a Colombia para visitar a mi hijo Paul André. Él estuvo casi nueve meses sin mí, hasta terminar la escuela allá, y luego me lo traje conmigo a España, donde lo puse a estudiar. Fueron casi tres años en Madrid, años de resistencia, de secretos y de luchas silenciosas.

Y cuando por fin sentía que estaba a punto de graduarme, llegó con una nueva "revelación". Me anunció, con su tono autoritario, que nos mudaríamos de nuevo a Panamá. Me prometió que esta vez sería distinto, que todo cambiaría. Sin opción de decir que no, volví a guardar toda mi vida y la de mis hijos una vez más. Entonces, regresamos a Panamá.

El regreso a Panamá

Sus promesas duraron apenas dos meses. Al comienzo me refugié mucho en mi gran amiga Aurora, quien se convirtió en mi hermana del alma. Ella fue mi apoyo, la voz que me daba aliento para poder sobrellevar al loco. Pero, como siempre, las promesas del verdugo se desvanecieron, y volvió a lo mismo: a buscar a aquella gente, a alimentar su delirio mesiánico y a sumergirse en sus excesos. Un día, mientras especulaba con dinero en la bolsa, lo vi perder grandes sumas de dinero. Desesperado y furioso, vino a buscarme a la cocina y me gritó que solo le quedaba un millón de dólares. Me dijo que lo iba a apostar todo, que si lo perdía no soportaría quedarse pobre ni ver a su familia vivir en la pobreza.

Aquel hombre que se proclamaba como un salvador de los judíos, que se rodeaba de comunidades humildes a las que decía querer proteger, en realidad estaba obsesionado con el dinero. Su verdadera religión eran el poder y la riqueza.

Esa noche me confesó lo más aterrador que pude escuchar:

—Si pierdo ese millón, mato a los niños, te mato a ti y luego me mato yo.

Esas palabras quedaron grabadas en mi alma como fuego. Ese día comprendí que mi vida y la de mis hijos corrían un peligro real. No lo pensé dos veces: preparé las maletas a escondidas, con la ayuda de mi amiga Aurora, y cuando él despertó, ya no estábamos. Había huido una vez más, regresando a Colombia.

En Colombia, poco a poco comencé a levantarme nuevamente. Matriculé a Paul en la escuela, matriculé también a Samantha y empecé a creer que esta vez sí podría rehacer mi vida sola. Pero el verdugo nunca dejó de perseguirme. Su sombra me alcanzaba con llamadas, cartas, lágrimas y promesas de que había cambiado de nuevo. Me juraba que lo único que quería era recuperar a su familia.

Lo mantuve alejado tres meses, pero al final volví a caer. Le creí una vez más. Regresé con él a Panamá y durante el primer mes parecía un paraíso: se había alejado de aquella gente mesiánica, me hablaba de planes de futuro, me hacía sentir que todo sería distinto. Yo quería creer. Un día me dijo con dulzura:

—Mi amor, vamos de visita a Nueva York. Quiero que veamos a mis padres y también quiero ver casas para comprar allá. Si regresamos a Estados Unidos, nuestra vida será mejor, más estable.

Yo acepté, porque una de mis condiciones para volver con él era precisamente esa: dejar atrás la locura de Panamá y rehacer nuestra vida en Estados Unidos.

Viajamos a Nueva York con Paul y Samantha. Sus padres nos recibieron con los brazos abiertos: cenas, veladas familiares, paseos. Fuimos a ver casas hermosas con un asesor inmobiliario, escogimos una, y él hasta habló como si realmente fuéramos a comprarla.

Todo parecía un sueño que empezaba a volverse realidad. Pero llegó el día de regresar a Panamá y la pesadilla volvió. Esa mañana, saliendo de la ducha, encontré a Paul listo y vestido, pero a mi esposo aún en pijamas. Confundida, le dije:

—¿Qué pasa? En dos horas tenemos que salir al aeropuerto.

Y él me respondió con frialdad:

—Mi amor, te vas tú con Paul. Yo me voy a quedar con Samantha una semana más. Quiero disfrutarla, después de tanto tiempo que me la tuviste lejos en Colombia.

Mi corazón se paralizó. No me gustó nada. Supe en ese instante que quería secuestrarla otra vez. Me negué. Entonces, en un arrebato, cogió el vehículo y se llevó a la niña. Intenté llamar a la policía, pero sus padres me amenazaron: me dijeron que si las autoridades llegaban, ellos declararían que yo no tenía derecho a estar en esa casa y que debía de irme.

Me sacaron obligada. Entre lágrimas y con Paul llorando por su hermana, me llevaron al aeropuerto. Subimos en el avión hacia Panamá sin Samantha, con el alma desgarrada.

La sorpresa mayor me esperaba al llegar. Mientras él me entretenía en Nueva York mostrándome casas y promesas, en Panamá había organizado su jugada final: despojarme de todo. Al llegar al edificio, un hombre me esperaba en la entrada. Me entregó unos documentos y me dijo:

—Aquí está la demanda de divorcio. Él te ha demandado. No tienes derecho a nada.

Ese fue el golpe más bajo, el castigo del verdugo.

El regreso a Panamá y el vacío

Eran las once de la noche cuando llegué a Panamá y me encontré con todo esto. Solo me quedaba llamar a mi amiga, mi gran amiga, mi hermana, Aurora, para que me auxiliara. Cuando la llamé, ella notó de inmediato que el número de teléfono del que yo la estaba contactando no era el mío. El verdugo hasta me cambió el número de teléfono para confundirme más.

Cuando Aurora me preguntó: "¿De dónde me estás llamando?", yo le respondí: "De mi celular". Pero ella me dijo: "No, este no es tu número. Este es otro". Me dictó el número que aparecía en su pantalla y ahí confirmé otra de sus locuras: me había cambiado el número de celular sin yo saberlo.

Le conté todo lo que estaba pasando y corrí a su casa. Allí dejé a mi hijo, mientras ella, con toda su sabiduría y fortaleza, me aconsejó: "Vete al juzgado de familia, porque ellos te tienen que ayudar a abrir esa puerta. Esa sigue siendo tu casa".

Y así fue. Me fui al juzgado de familia. Eran ya como las tres de la mañana cuando la doctora me recibió. Escuchó mi historia y me dio un permiso para entrar a mi propio apartamento. Cuando finalmente pude llegar con ese documento al edificio, los vigilantes no tuvieron más remedio que dejarme entrar.

Al entrar en la casa, el silencio era abrumador. Lo único que encontré fue la jaula de los pajaritos de mis hijos. Los pobres habían muerto, abandonados sin agua ni comida, porque él se había llevado toda la mudanza sin dejar nada más. Esa imagen me destrozó: la jaula vacía, con los pajaritos sin vida, como un reflejo de todo lo que él había arrasado en mi vida. Me tiré al suelo, gritando y llorando, preguntándome una y otra vez por qué había sido tan estúpida de volver a creer en este loco. Volví a llamar a mi amiga y me fui a dormir a su casa. Al día siguiente, con la esperanza de poder resolver algo, fui al banco para sacar dinero y así poder viajar a Nueva York a hacer las demandas de divorcio, porque todo lo más grave había ocurrido allá y además él me había robado a mi hija.

Pero lo que descubrí en el banco fue otro golpe: todas mis cuentas estaban canceladas, no tenía ni un centavo. Él me había dejado literalmente en la ruina.

Fue Aurora, con su nobleza infinita, quien me prestó dinero y gracias a ella pude regresar a Nueva York, con el corazón destrozado, pero decidida a luchar por mis hijos y por mi vida.

La lucha por mi hija

Lo primero que hice al bajarme del avión fue buscar un teléfono público y dar aviso a la policía. Entonces, llegó un oficial al aeropuerto para auxiliarme, y ahí mismo le conté toda mi historia: desde el momento en que él nos había traído a Nueva York con la excusa de visitar casas y prometerme un futuro, cómo sus padres me habían expulsado casi a la fuerza de su casa, obligándome a subirme a un avión, y cómo al llegar a Panamá me encontré sin hogar, sin nada más que la jaula con los pajaritos de mis hijos muertos.

El policía me escuchó con atención y me dijo: tienes que realizar una demanda en la corte de familia por "Missing Children". Luego me preguntó si tenía dónde quedarme. Le respondí que no, que estaba completamente sola. Entonces, me llevó a un refugio en Nueva Jersey. Era un refugio para mujeres víctimas de violencia doméstica. Allí me recibieron, me dieron un techo, comida y, sobre todo, un poco de alivio después de tanto dolor.

En ese refugio volvió a empezar un nuevo proceso en mi vida: se realizaron las demandas correspondientes, me asignaron un abogado de oficio y se creó un caso formal en la corte. El verdugo fue citado oficialmente, pero para entonces ya no estaba en Nueva York. Estaba huyendo por toda Europa con mi hija Samantha, moviéndose de un país a otro para evitar que la justicia lo atrapara.

Yo me sentía cautiva en una pesadilla interminable: había dado todos los pasos legales, había denunciado, había seguido la ley, pero él seguía escapando, ocultando a mi hija y manipulando la situación como siempre hacía.

El regreso de la sombra

Después de un tiempo, desde el refugio, empecé a recibir correos electrónicos de él. Cartas llenas de manipulación, donde me decía que me amaba, que me extrañaba, que él se daba cuenta de cuánto necesitaba a su familia, y que mi hija también me extrañaba. Cada palabra estaba calculada para confundirme, para hacerme dudar, para intentar llevarme de nuevo hacia su oscuridad.

En el refugio nos llevaban a la librería, donde podía revisar mi correo y hacer llamadas. Así mantenía comunicación con mi amiga Aurora de Panamá. Ella fue un ángel en mi vida, cuidó de Paul hasta que su padre viajó a Panamá y lo recogió para llevárselo a vivir con él en Estados Unidos, en Dallas. Tener que separarme de mi hijo fue otro golpe durísimo, verlo arrancado de mis brazos, todo por obra del verdugo, que seguía siendo esa sombra oscura en mi vida.

Mientras tanto, él no paraba de escribirme que me amaba, correos tras correo. Yo, cada vez que hablaba con mi abogado, le mostraba esos mensajes, y él siempre me decía lo mismo: "Señora, no le conteste, esa persona está enferma, está loca, sólo quiere manipularla".

Un día, inesperadamente, recibí una llamada de mi amiga Aurora desde Panamá. La escuché agitada, con esa urgencia que no se olvida:

—Amiga, acabo de ver al loco de tu marido con tu hija. Lo seguí con el carro y sé dónde vive. Vente ya, yo te enviaré el dinero para que compres tu pasaje de avión y vengas a Panamá a por Samantha. Ella está aquí.

Esa llamada me atravesó el alma. El verdugo ya sabía que yo había interpuesto demandas internacionales y que Interpol estaba buscando a mi hija como un caso de *Missing Children*. Él, consciente de que el mundo entero lo estaba rastreando, decidió moverse y esconderse en Panamá.

La noticia me devolvió las fuerzas, pero también me llenó de miedo: ¿qué haría ahora?, ¿cómo actuar sin caer en otra trampa?, ¿sería ésta la oportunidad de recuperar a mi hija o sería otra de sus manipulaciones?

Después de aquella llamada de Aurora, mi corazón latía como nunca. Sabía que era la oportunidad de recuperar a Samantha. No lo dudé. Aurora me mandó el dinero para el pasaje y empecé a preparar todo en silencio, con cautela, sin contarle nada a nadie más que a la directora del refugio, a quien me atreví a pedir un consejo. Ella era una mujer dominicana muy querida, y como hablaba español, con ella me sentía más tranquila. Le conté lo que Aurora me había dicho desde Panamá, que había visto al verdugo con mi hija.

La directora me escuchó con paciencia y me dijo:

—Como directora de este lugar, mi deber es decirte que no vayas, que dejes que las autoridades hagan su trabajo, porque tú sabes bien con quién estás lidiando, un hombre loco e incoherente. Pero como madre… —y aquí se le llenaron los ojos de lágrimas—, te tengo que dar otro consejo: ve. ¿A qué hora sale ese avión para Panamá?

Su respuesta me estremeció, porque en ese instante entendí que solo una madre podía comprender lo que yo estaba sintiendo: la desesperación por recuperar a mi hija. Salí de la oficina de la directora con el corazón acelerado. Tenía miedo, claro que tenía miedo, pero también tenía una determinación que me quemaba por dentro. Esa noche no dormí. Me quedé en el cuarto del refugio mirando al techo, pensando en Samantha, en su carita, en su sonrisa, en cómo la última vez que la vi me había abrazado con esos brazos chiquitos. Yo sabía que nadie en el mundo iba a luchar por ella como yo.

A la mañana siguiente, con lágrimas en los ojos, fui directamente a comprar mi pasaje a Panamá. No le conté nada a nadie más, solo a Aurora. Le escribí diciéndole:

—Amiga, prepárate, que voy para allá.

Ella me contestó de inmediato:

—Aquí te espero, no estás sola.

El vuelo salió de Nueva York en la madrugada. Recuerdo que durante todo el trayecto mi mente no paraba de hacerme preguntas: ¿qué pasaría cuando me enfrentara a él? ¿Sería capaz de arrebatarme a mi hija otra vez? ¿Tendría la fuerza suficiente para soportar lo que venía?

Cuando el avión aterrizó en Tocumen, sentí un nudo en la garganta. Sabía que estaba entrando al mismo infierno del que ya había salido tantas veces, pero esta vez no iba como víctima. Esta vez iba como una madre dispuesta a todo por rescatar a su hija.

El vuelo se me hizo eterno. Pasaba de las lágrimas a la rabia, y de la rabia a la desesperación. En mi mente solo había un pensamiento: cómo hacer para enfrentarme al verdugo. Pensaba una y otra vez en cuál sería la mejor manera de recuperar a Samantha. Fue entonces cuando tomé una decisión desesperada: disfrazarme de hombre y esperarlo en la puerta del edificio donde Aurora me había dicho que lo había visto.

Conseguí a dos señores que, movidos por mi historia, aceptaron acompañarme. El plan era sencillo pero arriesgado: esperar a que él saliera con mi hija, seguirlo, arrebatársela y salir corriendo directo a la embajada americana para pedir ayuda. En medio de mi angustia, yo creía que aquello podía funcionar.

Mientras el avión descendía sobre Panamá, apretaba los puños y repetía en silencio:

—Esta vez no me la quita. Esta vez no me la arrebata.

Yo ya no era la misma mujer sumisa que él había manipulado tantas veces. Ahora estaba dispuesta a todo, aunque no dejara de temblar por dentro.

Lo que yo no sabía era que el loco tenía mi teléfono intervenido. Sabía cada movimiento, cada palabra, cada paso que daba. Por eso, nunca salió del edificio.

Yo llevaba ya dos días parada fuera, esperando en vano. Me había hospedado en un hotel muy barato para poder ahorrar, apenas comía. El dinero se me iba en pagarle a los dos hombres que aceptaron acompañarme a vigilar, pero ya estaba llegando al límite: tenía el boleto de regreso a Nueva York en tres días y ya había gastado dos. La desesperación me estaba consumiendo.

El último día, de repente, una luz vino a mi mente. Me dije: "Juégatelo todo". Recordé que en ese edificio donde él vivía había un restaurante chino muy famoso, justo al lado de una embajada, no recuerdo bien de qué país. Entonces, armé un plan improvisado: hacerme pasar por una turista que iba a cenar allí para poder entrar al edificio.

Entonces, me arreglé como nunca, me maquillé, me puse un vestido elegante y le pedí a un taxista que me llevara al hotel. Cuando llegamos, el taxista le dijo al portero:

—Es una turista, viene a cenar al restaurante.

El portero me vio arreglada, sonriente y me dejó pasar sin problemas. En ese momento, justo cuando me bajaba del taxi, salió un americano de la torre. No lo dudé, salí disparada, agarré la puerta y con una sonrisa, le dije:

—*Hi. How are you?*

Él me devolvió la mirada y yo, con toda la seguridad del mundo, agregué:

—*Yes, I live here.*

Y así entré. Ya estaba dentro. Mi corazón latía tan fuerte que sentía que me iba a explotar en el pecho. Ahora lo único que me quedaba era subir al piso apartamento y enfrentarme al verdugo.

Llegué a su puerta. Toqué el timbre y puse mi dedo sobre el ojo mágico para que no pudieran ver quién estaba allí.

—¿Quién es? —preguntó él.

Yo no respondí.

—¿Quién es? —repitió con más fuerza.

Guardé silencio otra vez.

Entonces escuché su voz firme, directa:

—Angélica, ¿eres tú? Quita el dedo o llamo a un agente para que te saque. Yo tengo el control aquí en Panamá.

Me quedé muda, con el corazón a punto de salir de mi pecho. ¿Cómo sabía él que era yo?

Respiré hondo, me armé de valor y me arrodillé en el suelo frente a la puerta. Con lágrimas en los ojos, supliqué:

—Por favor… Yo hago lo que quieras, pero déjame entrar, déjame estar con mi hija.

De pronto, abrió la puerta, me agarró del brazo con fuerza, me besó de golpe y enseguida me empujó. En un segundo de coraje lo agarré del pecho —recuerdo la cadena gruesa de oro blanco que llevaba colgada—, lo empujé hacia dentro y cerré la puerta detrás de mí.

—De aquí no me voy sin mi hija —le dije con firmeza.

El apartamento era otro *penthouse* lleno de lujos, con muchas salas y habitaciones. Corrí de un lado a otro buscándola, hasta que escuché su llanto. Samantha estaba encerrada en un baño. La tenían encerrada porque le decían que yo venía con la policía a hacerle daño. Este horrible hombre y las personas que lo acompañaban eran el mismo demonio. Golpeé la puerta con desesperación:

—¡Ábreme! ¡Déjame ver a mi hija!

En medio de ese caos apareció una mujer gorda, la misma panameña que él había contratado para desocupar nuestro antiguo apartamento y que dejó morir a los pájaros. Ella ahora era su "mano derecha" y lo ayudaba a cuidar a Samantha.

En medio de todo aquel dolor, hubo algo que me desgarró todavía más. Al entrar al apartamento en Panamá, donde tenían a mi hija escondida, vi a la abuela del verdugo. Ella, la única persona de esa familia que realmente había logrado ganarse mi corazón. Al verla allí, cómplice de aquel engaño, sentí que una puñalada atravesaba mi alma. Con lágrimas contenidas, le dije: "Abuela… ¿Cómo pudiste tú también traicionarme?

Se acercó a mí y, con voz temblorosa, me dijo:

— Hija, por favor, no hagas un escándalo.

—Abuela, por favor —le rogué—. Ayúdeme, yo solo quiero a mi hija. No me iré sin ella.

Me arrodillé otra vez frente a él y le supliqué con toda mi fuerza:

—Haré lo que quieras… Seguiré tu religión, lo que digas. Pero déjame estar con mi hija.

La mujer panameña gritaba que no me escuchara, que no me dejara entrar. Pero insistí tanto, apelé tanto a esa obsesión suya con la religión, que finalmente cedió.

Esa misma noche llamó a un miembro de su grupo, quien vino hasta la casa. Nos hicieron un lavado de pies como "señal de pureza" y de aceptación. Fue humillante, pero yo agaché la cabeza porque solo pensaba en Samantha, mi hija.

Así lo convencí. Me quedé allí, con él y con mi hija, aparentando obediencia. Le repetí una y otra vez mi deseo de que nos mudáramos a Miami, que allí estaríamos mejor, que allí podríamos rehacer nuestras vidas. Y, finalmente, después de tanta manipulación y lágrimas, logré que me escuchara .

Así fue como llegamos a Miami

Con la ayuda de aquella persona que nos hizo el lavado de pies, y bajo la condición de retirar todas las demandas en Nueva York, acepté. Cedí. Las demandas quedaron retiradas y, en menos de dos semanas, estábamos en Miami para comenzar una "nueva vida" juntos.

Por fuera parecía todo un nuevo comienzo: un apartamento de lujo, como siempre lo exigía él, con todo el derroche y el brillo que tanto le gustaba mostrar. Pero dentro de mí lo tenía muy claro: lo único que yo quería era divorciarme.

Un día cualquiera, sin que él sospechara, fui a consultar a un abogado. Le conté toda mi travesía, cada una de las locuras que él me había hecho vivir. El abogado me escuchó con calma y, al final, me hizo una pregunta sencilla:

—¿Cuánto tiempo llevas en Estados Unidos?

—Poco —respondí.

Él asintió y me dijo con firmeza:

—Necesitas seis meses. Solo entonces podremos movernos con la ley a tu favor. Vas a tener que seguir siendo sumisa, aparentar lo que no sientes. Cuando cumplas los seis meses, vienes a verme y yo te digo qué hacer.

Y así fue. Tuve que tragarme el orgullo, aguantar en mi silencio, aparentar obediencia. Fueron seis meses de sumisión, seis meses de cautela, seis meses de frialdad.

Cuando por fin se cumplió el tiempo, volví con el abogado. Esta vez él me recibió con un plan claro:

—Ya es el momento. Firma aquí. Vamos a interponer las demandas de divorcio. Pero escucha bien: tú no vas a estar en la casa cuando lo saquemos. Vas a convencerlo de que vas a viajar a Colombia con los niños. Una vez que tú estés allí, lo sacaremos de la casa y entonces comienza el proceso.

A sangre fría calculé cada paso. Fingí unas vacaciones, convencí al verdugo, organicé el viaje. Y mientras los niños y yo volábamos rumbo a Colombia, los abogados se encargaron de sacarlo de la casa.

Mi abogado me lo advirtió muy bien:

—Señora, esta vez no puede dejarse convencer. Esta vez no puede volver atrás.

Y así fue como, con el corazón endurecido y la determinación más grande de mi vida, logré, al fin, despojarme de aquel verdugo.

O al menos eso creí yo.

Entonces, así fue todo. Me fui a Colombia, mientras los abogados hacían su trabajo. Pero nada fue sencillo. Sacarlo de la casa resultó ser una guerra en sí misma. El verdugo, como siempre, jugando con la manipulación y la mentira, se dio cuenta de que la policía tenía la orden de desalojo y se escondía dentro de la casa.

Su madre, la eterna cómplice de todas sus maldades, estaba ahí, acompañándolo, dándole fuerzas, justificando cada uno de sus actos. Decían que él había tenido una apendicitis y que ella había viajado para cuidarlo. Lamentablemente, yo no tenía control sobre nada de eso.

El tiempo pasaba y yo debía de regresar a Estados Unidos, pero el verdugo seguía sin salir de la casa. No había manera. Así que, con la rabia y la valentía que solo una madre puede tener, tuve que presentarme yo misma con la policía.

Cuando llegamos a la comunidad donde estaba nuestra casa, vi su carro aparcado. Inmutable, como una prueba silenciosa. Yo misma le dije al policía:

—Él siempre ha estado aquí, su vehículo está ahí.

El vigilante lo confirmó:

—Sí, señora, él no se ha movido de aquí.

Ahí fue cuando todos entendimos que se estaba escondiendo para no ser desalojado. La policía se enfureció. Entonces, fuimos ante el juez y pedimos una orden para entrar por la fuerza.

Al volver, los oficiales me dijeron con seriedad:

—Señora, quédese lejos. Cuando él salga, usted entra.

Yo me quedé esperando en la portería, con el corazón acelerado, con mi hija a mi lado. Escuchaba los gritos. Él no quería salir. Alegaba que acababa de ser operado, que no podía caminar. Los policías lo enfrentaron:

—Señor, si está enfermo, llamamos a una ambulancia. Pero tiene una orden del juez. Debe irse.

La escena fue desgarradora. Su madre salió hecha una furia, gritando, defendiendo lo indefendible. Pero, al final, quedó claro que él podía caminar perfectamente. No tuvieron más remedio que irse. Ese fue apenas el inicio de una guerra legal interminable. Mi divorcio se convirtió en el más difícil de todos. Duró más de siete años. Fue una batalla agotadora en la corte. El verdugo, con sus artimañas, se rodeaba de abogados. Llegó a tener más de diez, porque ninguno le aguantaba sus exigencias de mentir, de manipular, de inventar. Yo, en cambio, resistí con el mismo abogado desde el principio, siempre manteniéndome firme.

Al final, no tuve más opción que ceder en casi todo. Le entregué todo: propiedades, bienes, dinero... Todo, menos a mi hija. Ella fue mi única victoria, mi única razón.

El divorcio quedó finalizado, pero el verdugo nunca dejó de ser mi sombra oscura. Esa persecución, ese aliento venenoso, seguía presente en cada paso que daba, en cada decisión que tomaba. Y aquí termina esta parte de mi historia. Una de las etapas más duras de mi vida. Pero este no era el final. Ahora empezaba otra batalla: enfrentar la vida junto a mi hija, con el verdugo todavía rondando, siempre al acecho, complicando cada paso que daba.

Reflexión final

Hoy, al mirar hacia atrás y recordar cada episodio, cada lágrima, cada momento de desesperación, me doy cuenta de que sobreviví a una guerra invisible. Una guerra sin armas, pero con heridas profundas. Una guerra contra la manipulación, el miedo y la oscuridad que durante años me ha perseguido.

Aprendí que un verdugo puede disfrazarse de amor, de promesas, de fe, de lujos... Pero, tarde o temprano, su máscara acaba cayendo. Lo importante es que yo, una mujer herida, logré levantarme cada vez que fui derribada. Mi fuerza estuvo en el amor por mis hijos, porque ellos fueron siempre la razón por la cual seguí luchando.

Sin embargo, esta historia no termina aquí. El divorcio fue solo una parte de la batalla. Recuperar mi libertad fue apenas el primer paso. Lo más difícil aún estaba por venir: sanar las heridas, reconstruir mi vida, y enfrentar una nueva etapa marcada por la lucha por mis hijos y el peso de esa sombra oscura que todavía me perseguía. El verdugo no desapareció. Sus huellas siguieron marcando mi camino, obligándome a reinventarme una y otra vez. Pero también me enseñó que ninguna oscuridad puede apagar la luz de una madre que lucha por sus hijos.

Este libro cierra con un respiro, con la esperanza de que toda mujer que lea estas páginas encuentre fortaleza en su propia voz.

Epílogo

Cada página escrita aquí ha sido una cicatriz abierta que decidí transformar en palabras. No fue fácil desnudar mi alma, revivir cada lágrima, cada huida, cada puerta cerrada y cada traición. Pero también me di cuenta de que, en medio de tanto dolor, siempre había una chispa de esperanza, una fuerza que me levantaba cuando ya no podía más. Esa fuerza vino de Dios, de mis hijos y de esos ángeles que pusieron en mi camino disfrazados de amigos, de abogados, de protectores y hasta de desconocidos que me tendieron la mano.

Hoy cierro este capítulo con la certeza de que sobreviví al verdugo, aunque su sombra me haya perseguido durante tantos años. Sobreviví porque decidí no rendirme, porque entendí que la libertad se construye dando pequeños pasos, aunque a veces parezcan invisibles.

Este no es el final de mi historia. Es solo el cierre de un ciclo que me ha preparado para enfrentar nuevas batallas. Porque la vida, con toda su dureza, también me regaló nuevas oportunidades, y todavía queda mucho por contar, por sanar, por compartir.

El verdugo ya no es dueño de mi voz. Hoy hablo por mí, por mis hijos, y por todas las mujeres que en silencio cargan con una cruz parecida.

Nos volveremos a encontrar en un próximo libro, donde seguiré contando cómo la sombra del verdugo intentó alcanzarme una vez más... Pero donde también verán cómo la luz siempre termina venciendo a la oscuridad.

Agradecimientos

Quiero expresar mi gratitud más profunda a las personas que, en medio de la oscuridad, me tendieron la mano:

- A mi amiga Aurora, mi hermana del alma, por su apoyo incondicional y su luz en mis momentos más oscuros.
- A la policía en Nueva York, por escucharme y guiarme en un momento de desesperación absoluta.
- Al refugio de Nueva Jersey, donde encontré cobijo, protección y comprensión cuando más lo necesitaba.
- A todas las personas anónimas que, con pequeños gestos, me recordaron que no estaba sola.
- Y, especialmente, a mi abogado Joel Bello, por su valentía, su constancia y su fe en la justicia, acompañándome hasta el último momento de esta lucha.

A todos ustedes, gracias. Este libro también les pertenece.

"A veces, la vida nos golpea con la oscuridad, pero en cada rincón de dolor hay una chispa de luz esperando ser descubierta."

"Sometimes, life strikes us with darkness, but in every corner of pain, there is a spark of light waiting to be discovered."

So Much to Tell

Between Shadow and Light

María Angélica Larrotta

Dedication

I want to thank God, who gave me the courage and strength to write this book. Every word is soaked with tears—some of pain, and others of faith, hope, and light. Without His guidance, this path would not have been possible. This book is also a testimony of His love and how, even in the midst of the storm, there is always a ray of light that illuminates the soul.

To my mother, Emelia Uribe, the strongest and bravest woman I have ever known. Although she now rests in heaven, I know she accompanies me every step of my life. She had the gift of turning the small into something great: from a glass of water making a soup for the whole family, from a tear creating hope, from scarcity bringing forth abundance.

Her life was an example of love, faith, and strength. This book is also hers, because everything I am and everything I write is born from the marks she left on my heart. Thank you, Mom, for choosing me as your daughter.

To Paola Andrea, my first daughter, my angel, who stayed in my arms for two months and has accompanied me from heaven in every step I have taken, giving me strength not to give up.

To my children, Paul André and Samantha, who have been the strength of my life and the reason I never gave up. This book is for you, so that one day you understand that everything I lived and faced was because of my love for you.

And also to all the women who, like me, have had to confront executioners disguised as saviors. May this testimony be an encouragement to never lose faith and hope.

To my granddaughter Siena, who is just beginning to discover life. This book is also for you, so that one day, when you are an adult, you will understand the strength of your roots and know that in your blood there is a story of struggle, resilience, and infinite love.

SO MUCH TO TELL: Between Shadow and Light

Table of Contents

Dedication i
Prologue v
Chapter 1: My Red FZ50 1
Chapter 2: The Signs of Goodbye 4
Chapter 3: Violence in My Land 6
Chapter 4: When the Heart Breaks 7
Chapter 5: The Beginning of My Working Struggles 10
Chapter 6: The Marriage That Changed My Course 16
Chapter 7: The Angel Who Chose Me 20
Chapter 8: My Angel's Farewell 21
Chapter 8: Rebuilding Myself in Venezuela 27
Chapter 9: Hope Is Reborn 29
Chapter 10: The Executioner 34
Chapter 11: Panama: The Executioner Disguised as an Angel .. 39
Final Reflection 64
Epilogue 65
Acknowledgments 66

Prologue

We don't choose our stories. Sometimes life places them before us, and all we can do is learn to live them, accept them, and—if we're lucky—transform them.

I am María Angélica Larrotta, just another passenger on this planet, but one carrying luggage full of memories, stumbles, and joys that have shaped me.

Today, I want to open my suitcase, show you the pages of my journey, and let you walk with me through the brightest passages and also through the darkest ones.

This is not only my life—perhaps within these lines you'll find reflections of your own.

Welcome to my stories. Welcome to me.

Writing this book has not been easy. Every page holds memories that were once open wounds, moments of fear, of struggle, and also of hope. I decided to tell my story because I know many women, mothers, and children live through similar realities—often in silence—and they need to know they are not alone.

"So Much to Tell: Between Shadow and Light" is not merely a story of pain; it is also one of resistance, of maternal love, and of the strength that rises in the midst of darkness.

To those who read these pages, I ask you to do so with an open heart. Here you will find my truth, my voice, and my steps toward freedom. This is only the beginning of a journey that still continues, because the story does not end here.

Chapter 1: My Red FZ50

I remember it as if it were still roaring beside me—my red FZ50.

It wasn't just a motorcycle; it was my freedom painted in bright red, my refuge on two wheels, the illusion that I could fly without wings. Every ride through the burning streets of Barrancabermeja gave me a breath, a moment of peace amid daily chaos.

The heat was suffocating, the sun clung to the skin until sweat became a second layer. The air, thick with oil and dust, seemed to be chewed more than breathed. And still, when I climbed onto my bike, I felt light—as if I could escape the weight of the world for a few minutes, just with the wind on my face and the rumble of the engine in my ears.

I was only fourteen, and yet that motorcycle meant much more than a vehicle. It was my accomplice, my best-kept secret to feel alive. It took me everywhere—from work to the grocery store, from school to my job, and from work to that glorious instant when routine was left behind and I felt untamed.

Back then, I still had my mother. She was my heroine, the center of my world, the axis around which everything revolved. I walked through life with the absolute certainty that she would always be there to hold me.

I didn't know that certainty was about to shatter.

When I think of that time, her image is unavoidable.

She was the strongest woman I have ever known, though she never needed to say it. Her strength was in her gaze that embraced, in the way she cared for us tirelessly, in that smile that endured even when life pushed her against the wall. To me, she was more than a mother—she was shelter, example, and reason. She knew how much I loved my red motorcycle.

Sometimes she would watch me leave and, with a mix of pride and worry, would say the phrase that still echoes inside me:

"Take care, mija, there are no spare parts for you!"

I would smile, turn the key, and accelerate as if the world belonged to me. I liked to think she would always be there, waiting for me at the end of the road.

I never imagined life was already plotting a cruel twist that would rip away that certainty in an instant.

Routine shattered one ordinary afternoon.

The news arrived wrapped in half-truths, as if hiding it could soften the blow. They told us Mom was unwell, that we had to travel immediately because something serious had happened. No one said the truth, but I smelled it from the first moment.

Something inside me screamed that it wasn't just an illness or an accident. The premonition pressed on my chest, left me breathless, and filled me with questions no one could answer.

That same night, my sister, my nephews, and I began the journey to Aguachica, the town where my parents lived. We left Barrancabermeja behind and drove down a long, dark, suffocating road. The heat didn't ease, and the silence between us was heavy as lead.

We didn't know whether to cry or scream. From time to time, we asked aloud what could have happened, as if the night itself might answer. I imagined the guerrilla had taken the town again, that my mother had been caught in one of those shootings that left behind more fear than life. That idea stabbed me over and over in my mind, and every kilometer became an endless torment.

We didn't yet know that this trip was taking us straight to the edge of an abyss—a before and after that would mark our lives forever.

Chapter 2: The Signs of Goodbye

I didn't know exactly what had happened. The news reached us incomplete, as if hiding the truth could delay the pain. On the road to Aguachica, they kept telling me Mom was injured, that perhaps the guerrilla had taken the town and, as so many times before, had left behind a trail of innocent blood. In my mind, she was still alive—fighting, waiting. I held on to that thought, though something deep inside whispered that the wound would be deeper.

Just hours before that call, I had lived through strange moments I couldn't explain then.

In the shower, the soap slipped from my hands three times in a row. It wasn't mere clumsiness—I felt as though someone had pushed it on purpose, as if an invisible presence were trying to tell me something.

That same day, while riding my red FZ50 to work, a white butterfly landed on my shoulder and accompanied me part of the way. I paid no attention, rushing through my errands between one supermarket and another, focused on doing everything just right, as I liked.

I didn't understand they were signs. I didn't know how to read them.

The night journey ended at dawn in Aguachica, and that was when the truth revealed itself: my mother was gone.

I was fourteen years old, and in an instant, I lost my heroine, my refuge, my everything. I felt the ground break beneath my feet and the whole world collapse upon me.

That day, I understood what it meant to be motherless too soon.

That day, I lost the essence of my life.

Chapter 3: Violence in My Land

Barrancabermeja was a place where heat never relented—but neither did fear.

The guerrilla appeared like a shadow slipping into our homes, our conversations, our dreams. We knew they could take the town at any moment, that they could steal innocent lives as easily as the wind lifts dust from the street.

I grew up hearing bursts of gunfire the way others hear lullabies. And though we tried to live a "normal" life, the truth was that fear was part of the routine. You learned to read glances, to understand silences, to stay always alert.

In the midst of that hostile environment, I had to face the greatest loss of my life.

I was fourteen and suddenly left without my mother, without my heroine, without the heart that held our family together. Pain mixed with fear—not only mourning her absence but wondering if violence had played a role in it, if death had taken her as it had taken so many neighbors, friends, and acquaintances.

I felt my world collapsing. The heat, the violence, the pain… everything tangled together into a knot that choked me from within.

There was no room to be a child, nor even to grieve in peace. Life was forcing me to grow up too soon.

Chapter 4: When the Heart Breaks

My mother's wake was a river of endless tears. The house overflowed with people—relatives, neighbors, and acquaintances coming to say their last goodbye.

Though everyone cried in despair, I had to hold myself together. It felt as if a sudden armor had been placed around me. Someone had to be strong, and that someone was me.

While many collapsed, I faced the hardest part: I was the one who dressed my mother for her final farewell.

My hands trembled, and my heart pounded in my chest, but I did it. No one else had the strength, and though inside I was dying, I knew it was my way of caring for her one last time—of showing her my love until the very end.

The burial was wrapped in heavy silence, broken only by prayers and sobs. Each shovelful of earth on the coffin tore another piece of my soul. I felt they were burying not only my mother, but a part of me. The sun of Aguachica beat down mercilessly, and I, only fourteen, found myself more alone than ever. That day, I understood what it meant to grow up overnight.

The memories of life with her became treasures. San Martín, Cesar, and that old wooden cart we used to carry fish. Many times it got stuck along the road, and we all had to push, because the entire town waited for the best bocachico from Pita Limón.

We woke up at five in the morning to prepare the cart. The first sale of the day was also our favorite breakfast: guava paste with cheese, bread, and a cold Román soda. My mother used to call it—between laughter and raw truth—"the prostitutes' meal." When I asked her why, she replied with total naturalness:

"Because that's not real food, mija. And poor prostitutes, since they live on the street, that's all they can eat."

With her simple humor and straightforward way of speaking, she taught me to face life head-on. Her kindness, humility, patience, and strength were my first lessons in life.

After her passing, routine grew even harsher. I worked all day and studied at night to finish high school. That's what my father had taught us—to be responsible, to fight, to never give up. He sent us to the city to live with relatives and learn what it meant to survive from an early age.

Still, every once in a while, I allowed myself the luxury of escaping. My school friends and I went out partying, and we often ended up in a very famous place in Barrancabermeja: El Portón 16. It was an exclusive place—only those with money could get in… and I had none. But I had beauty, youth, and charm, and that opened many doors. We danced, laughed, and lived as if there were no tomorrow—even if the next day I had to work without sleep and attend night classes with tired eyes.

Looking back now, I understand that my mother's death was the first great wound of my life, but not the only one. Every early responsibility, every sleepless night, every endless workday became scars that stayed with me. And though they hurt, those scars became the armor I needed to keep moving forward.

When the heart breaks, there is no choice: it either stays broken forever or mends with more scars.

Mine began that day. And though they marked my soul forever, they also gave me the strength not to give up.

Because even with a shattered heart, one learns to stand, to walk… and to keep living.

Chapter 5: The Beginning of My Working Struggles

And so my life went on alone, facing every survival challenge. When you don't have your mother by your side, you have nothing: life becomes emptier and, many times, terribly unfair.

Part 1 – Even at my young age, I felt the world demanded too much of me.

And still, I decided to look for a job that would give me stability and allow me to grow. I dreamed of working at a company as important and well-known as Colgate-Palmolive. Passing the interview wasn't easy for most, but I believed in myself. I knew how to express myself, I had a can-do attitude, and I was always ready to give my best. My charisma helped me win people over, and this time was no exception.

When the salesman interviewed me, he told me right away:

—I have other girls to interview, but I'm not going to do it. The job is yours.

Part 2 – I have other girls to interview, but I'm not going to do it.

He was impressed by how confident my answers were and by the determination with which I assured him I would work with dedication until the company no longer needed me. And of course—who wouldn't want to work for a company of that level? For a girl like me, getting that job was like winning life's lottery.

But that joy didn't last long. The fact that the regional salesman had chosen me didn't guarantee anything. The final decision wasn't in his hands, but in Human Resources, and they would have the last word.

There were many candidates, and even if I was the salesman's favorite, that didn't secure the position. I had to shine even more.

And there I ran into my biggest obstacle: my age.

I didn't have an ID card. I wasn't of legal age to be hired. In reality, I was still a teenager. That little detail became a huge problem—a barrier that could make all my dreams collapse in an instant.

Part 3 – The Decisive Test

The day came to appear before Human Resources. My nerves ran through my whole body, because I knew that there my smile and having convinced the regional salesman wouldn't be enough. I had to prove that, despite my young age, I could face the challenge. The other candidates looked at me with superiority. Many were older, had work experience, and—above all—met all the legal requirements. I, on the other hand, was just a teenager with more dreams than paperwork.

Even so, my determination was my brightest calling card. I presented myself with confidence, answered each question firmly, and spoke about my desire to work as if nothing else mattered in my life. I wanted them to understand that, even if I didn't have the required age, I had something more valuable: the will to get ahead.

I knew that interview would define my future. If they accepted me, I would have the chance to prove my worth at a highly respected company. But if they rejected me, I would feel everything crumble again—like so many times before in my short life.

Part 4 – A Hand That Opened the Way

They interviewed me and, as expected, I didn't pass. The reason was clear: I wasn't of legal age, I had no ID card, and they couldn't hire me by law.

However, something unexpected happened. One of the people in Human Resources listened to me attentively, patiently, and with genuine interest. She liked my answers, my confidence, and above all, my sincerity. When I told her that my mother had died, that I was on my own, and that I needed that job to keep studying and to support myself, I saw in her eyes a mix of tenderness and resolve.

She looked at me with affection and told me firmly:

—Don't worry. I'm going to help you.

That day she became a kind of mother to me. She was deeply humane, used all her influence, and looked for a way to open a door that seemed shut.

I had to travel to Bogotá to appear before the company's top managers. The regional salesman, who had believed in me from the start, accompanied me there. I went into that interview room alone, knowing the only thing against me was my age. And that's how it was: I didn't pass because I was a minor. But I spoke the truth, without fear. I told them I was an orphan, that I had no parents to vouch for me, and that Bienestar Familiar (the child-and-family welfare authority) could authorize me to work.

My words, my determination, and my need touched their hearts. That wonderful woman began to move heaven and earth, and she finally made it happen: she got Bienestar Familiar in Colombia to grant me a special permit to work, even as a teenager.

That gesture changed my life completely. Thanks to her, I not only got the job I had dreamed of, but I also received the chance to prove what I was made of. I didn't want to be seen only as the pretty girl on the FZ-50—clever, smiling, and flirty. I wanted to be recognized as the responsible and brave woman I knew I was. I wanted to be respected for what I carried within, not just for what I showed on the outside. That day I understood that sometimes God places angels on our path disguised as ordinary people. And one of them, without a doubt, was her.

Part 5 – My First Day at Colgate-Palmolive

When they finally gave me authorization and confirmed I was hired, I felt I had won the greatest battle of my life. I couldn't believe it… A teenager without an ID had managed to enter one of the most renowned companies in the country. I remember my first day at Colgate-Palmolive as if it were yesterday. I arrived with my nerves on edge, my uniform immaculate, and my heart pounding so hard it seemed ready to leap out of my chest. I looked around and saw only older people—confident, experienced… while I was just a young girl beginning to discover the world of work.

The atmosphere was serious and disciplined—everything ran like clockwork.

Everyone knew exactly what they had to do. I, on the other hand, was learning from scratch, but with a drive so strong it kept me from giving up.

That day I made myself a promise: no matter if they saw me as small or inexperienced, I would prove I was up to the task. I wanted everyone to see not just a teenager who needed a job, but a strong, responsible woman who knew how to value an opportunity. I wanted to be respected for who I truly was: a hardworking, capable, responsible young woman who deserved her place because of her effort—not appearances.

Every task they assigned me, I did with utmost care. I wanted to learn fast, not fail, and not disappoint those who had trusted me. And as I carried out my duties, I repeated silently: This is only the beginning.

Part 6 – The Family That Wasn't There

While I was trying to make my way at work, my family reality was another story.

After my mother's death, each of my siblings went their own way. They did what they could with their lives, but none worried about me. I was the youngest, the "cuba", as my mom called me, but no one seemed to care what became of me.

Contrary to what I had hoped, instead of support I received abandonment. One of my sisters took me into her home—not to care for me as family, but to exploit me as an unpaid domestic worker. I didn't just work for her; I also had to endure her humiliations whenever she was in a bad mood.

I, still a teenager, was forced to endure words that hurt more than blows and a routine that seemed endless. It pained me to feel that the same blood running through my veins could treat me with such coldness.

In those moments I understood, more than ever, that I had to rely on myself. I couldn't expect anything from anyone. And although my siblings' abandonment hurt, that loneliness pushed me to become the strong woman life demanded I be.

Part 7 – The Marriage That Changed My Course

When I turned 17, someone unexpected appeared in my life: a Venezuelan man. With him I had a different relationship—more serious than any I'd had before.

Despite my age, I was the one who made the boldest decision: I asked him to marry me. His time working in Colombia was ending, and I didn't want our story to end there. We had little time, and I wasn't willing to let him go.

I was young, beautiful, confident, and had that daring streak that has always characterized me. And he said yes.

Let me tell you how this new chapter of my life began.

Chapter 6: The Marriage That Changed My Course

This special man who entered my life when I was 17 agreed to marry me right away and wanted to take me with him to Venezuela. We went together to speak with the priest to ask permission and move forward with the wedding. I hadn't finished high school yet, and the priest asked firmly:

—Have you graduated?

I lowered my gaze and answered that no, I still had a year to go. Then he asked for my ID, and I had to admit I didn't have one either, because I hadn't yet turned 18.

The priest was clear: he couldn't marry us because I was a minor. My boyfriend tried to convince him, explaining that his time in Colombia was ending and that he had to return to Venezuela because his contract with the oil company had ended—and that he wanted to take me with him.

But it wasn't possible. The priest, far from yielding, ended up convincing him. He told him firmly:

—If you truly love her, you'll come back for her when she turns 18.

He also gave us a condition: that we both complete the premarital preparation course. That way, when he returned, we would be ready to marry according to the Church and the law.

The Year of Waiting

That year felt endless. I carried both hope and anxiety in my heart. On one hand, I felt in love and sure he was the man I wanted to marry; on the other, there was the uncertainty of whether he would truly come back for me as he had promised.

Meanwhile, I continued my life in Colombia. I kept studying to finish high school, because I knew it was a requirement not only for the priest, but for myself. I wanted to enter marriage not as an unfinished girl, but as a woman who had at least met that first goal.

Deep inside, there was something else, too: I still wanted to prove to everyone that I wasn't just "the pretty girl on the FZ50," as I was known in the neighborhood, but a responsible woman, able to support herself and worthy of respect.

During that time, every day I thought about what would come next: a new life, a different country, a family to build... That wait made me grow up even faster. And although I was very young, I felt life was preparing me for a great change.

The Countdown

In the end, I didn't have to wait a full year. There were just five months left until my eighteenth birthday, and those five months became the most intense of my life.

By day I kept working at Colgate-Palmolive, fulfilling my responsibilities as always. But in my free moments, my mind and heart were consumed with something bigger: organizing my wedding.

It was a mixture of excitement and nerves. I, barely 17, was planning the biggest step of my life. I dreamed of the dress, the church, every detail of the ceremony. I didn't want to be seen as the impulsive girl marrying on a whim, but as the young woman who had made a serious, firm decision. I remember I couldn't sleep thinking about the flowers, who would attend, the reception... I organized everything with the same determination I had used to face life since losing my mother. For me, this wedding was a new beginning—a way to fill that emptiness and open the door to a new life.

While everyone looked at me skeptically because of my age, I knew inside that I was ready. Perhaps not for everything that would come afterward, but ready to take that step with a heart full of love and hope.

The Big Day

The big day arrived. My fiancé returned from Venezuela with his whole family—his mother, father, and sister. Together we went to speak with the priest, who, this time, authorized the wedding. The following Saturday, the dream came true.

I didn't have my father to walk me down the aisle. Since my mother's death, he had turned to alcohol, and I never had contact with him again. Few of my relatives attended—each had gone their own way, and I couldn't count on them. So I asked my dear friend, my angel, Arnoldo—whom I remember with love because he is now in heaven—to accompany me to the altar. He was like a brother, like a father to me, and he had also been the bridge to meeting my fiancé, since it was thanks to a party he invited me to that I met the man who would become my husband. Who better than him to be my godfather and give me away at the altar?

That day I walked in white, full of nerves and emotion. My friends from Colgate-Palmolive were there, my neighbors too—the humblest people who had always supported me… and only one sister and a few nephews from my family. The rest were conspicuously absent. But rather than saddening me, I understood that life was showing me who my true companions were.

The wedding was simple, yet unforgettable. There was music, dancing, joy—and I even changed dresses to celebrate with more excitement. I received the priest's blessing, and in that moment I felt I finally had a new chance to build a home. My family of origin had fallen apart too soon, so I would build my own.

I turned 18 on August 1, and on the 28th of that same month—just 27 days later—I was married. The day after the wedding, I set off for Caracas, Venezuela, with my heart full of dreams and hope. A girl who had suffered too soon, but who was ready to start anew.

Chapter 7: The Angel Who Chose Me

Three months after my wedding, I became pregnant with this wonderful angel: Paola Andrea. I awaited my first daughter with such longing... I pictured her in my dreams; I thought of her face, her tiny hands, her smile... I was so happy.

I remember sometimes, driving that red Fiat through the streets of Caracas, I felt powerful, full of life. I was going to be a mother for the first time, and my family was growing. Of course, I had already "started" as a mother to my first dog, Rocky—the faithful friend my husband gave me when I arrived in Venezuela to keep me company. But now, the hope was different: I was about to have my own daughter.

My first moments in Venezuela were filled with a mix of light and darkness, of happiness and pain.

Paola was born on August 4, 1994, in the city of Caracas, at Clínica Las Mercedes. She was a big, radiant baby—3.5 kilos and 59 centimeters. She seemed perfectly healthy, and seeing her for the first time was like touching heaven. My baby's smile was etched into my heart, a memory that will never fade.

Chapter 8: My Angel's Farewell

What I didn't know then was that God had chosen me to care for an angel for a very short time. Today I can understand it as a blessing to have had her, but back then—when I lost her—the pain was unbearable.

It began suddenly. Paola developed diarrhea and refused to nurse. As a first-time mother with no experience, no family by my side, and without my own mother to guide me and advise me, I followed the instructions of the pediatrician who saw her. He told me it was a typical virus in babies. Still, I wasn't at ease. My instincts told me something more was wrong.

After trying everything the first pediatrician recommended, I kept seeing Paola with a desperation that broke my heart. It was as if she wanted to tell me something with her little eyes. She refused food and reached the point of not even taking the water I offered. Her crying was constant, inconsolable. I saw her getting worse—ever weaker—and I couldn't soothe her. One afternoon, in tears and despair, I called my neighbor—who later became my comadre—to ask for advice and the contact for her pediatrician. I needed another opinion because, inside me, I felt something serious was happening to my little girl. I had to take her somewhere else, because my heart screamed that it wasn't just a simple virus. When we arrived, the doctor examined her, and the seriousness in her face froze my blood. She told me it wasn't a virus, that my baby was very sick and had to be admitted immediately.

She even warned me she didn't know if Paola would survive.

I couldn't believe it. I remembered perfectly the day she was born at Clínica Las Mercedes in Caracas: a big, radiant, healthy girl…

I didn't know then that God had chosen me to care for that angel for only a very short time. Today I see it as a blessing, but back then, when I lost her, the pain was unbearable. To be a mother for only two months left an emptiness impossible to explain.

The Hospital Ward

They admitted her right away. That cold hospital—with its endless white corridors and the smell of disinfectant—became my Calvary. I saw stretchers rushing from one side to the other, doctors and nurses in constant emergencies. In the midst of it all, there I was, barely nineteen, holding my daughter and begging God not to take her away.

The monitors, the needles, the cables… Everything terrified me. I prayed without stopping: "Lord, let me raise her; let me see her grow." Paola clung to life with the same strength with which I clung to hope. But every hour was torture. The light in her little eyes dimmed bit by bit. I smiled in front of her to give her peace, but inside I was falling apart.

I didn't understand why life was so cruel to me. I had already lost my mother, already suffered so much so young—and now I faced the possibility of losing the most precious gift God had given me.

The Diagnosis

At last, the doctors discovered what was happening: Paola had been born with a congenital heart defect—a transposition of the great vessels. Her tiny heart worked like a chick's: the veins that should carry blood to the heart were carrying oxygen to the lungs, and those that should carry oxygen to the lungs were carrying blood to the heart. Everything was reversed. Receiving that diagnosis was a mortal blow. The doctors spoke with very little hope. Even so, I kept praying to God for a miracle.

After the Hospitalization

My life changed forever in that hospital. I spent almost a month at Paola's side, never leaving the intensive care unit. I slept on a hard couch, clothes wrinkled, eyes swollen from crying. Nothing else mattered; I only wanted to be with her. Seeing her connected to tubes, monitors, and needles broke my heart—but it also gave me strength never to leave her side, not for a second.

They eventually stabilized her. I will never forget the doctor who cared for Paola during that first hospitalization. The tenderness in her look reflected the pain she also carried inside. The doctors recommended taking her home, caring for her closely, and—above all—taking many photos. That recommendation froze my blood and pierced me like a premonition: they wanted me to treasure memories, because what was coming would be decisive. The major intervention—the surgery that could define her life.

The diagnosis was brutal: Paola had only a 1% chance of survival. If she made it through the operation, she could be a normal girl with a life ahead of her. But without surgery, death would be inevitable, dragging her through suffering even worse than what she had already endured.

I didn't want to see her suffer anymore. Making that decision was the hardest act of my life. We had been married just a year, we were very young, and we didn't have the money for such an operation. My husband worked at a company, but what he earned barely covered the basics.

Then a miracle came disguised as solidarity. His coworkers, upon learning of our situation, came together like a family. They organized collections, opened a bank account, and gathered the money to help us. I remember, with tears in my eyes, how each person contributed what they could—some even more than they had. That union of goodwill paved the way for the surgery. Thanks to them, it became possible to cover the costs of an intervention that had never before been performed in Venezuela. It was the first time in Venezuela and the second time in the world that doctors attempted to correct such an unusual congenital problem as my daughter's.

The Great Intervention

They told us the operation would last four to five hours, but it finally lasted thirteen. Thirteen hours of anguish and prayer.

On the day of the intervention, when they laid Paola on the stretcher to take her to intensive care, something happened that was etched into my soul forever. She looked at me… That gaze—deep and serene—was a goodbye I didn't know how to read in that moment. As the doctors wheeled her down the corridors, I was running by her side, desperate, with tears falling down my face, and tears were forming in her eyes too, as if she were saying goodbye. I cried out, begged, prayed. I entrusted myself to God, to the Virgin, to José Gregorio Hernández, to every saint people mentioned. I asked them to return my daughter to me, to give her another chance. Outside the operating room, I waited with a candle alight in my trembling hands. Each minute felt like an eternity. The doctors came out with distraught faces, striking their foreheads—as if defeated by the fragility of that life. And then, an icy wind swept down the hallway. It brushed my face and extinguished the candle I held. In that instant I knew: something had gone out inside me, too.

Soon after, the doctor came out and told me with infinite sadness: —Come in… Paola has just gone.

That moment is tattooed on my heart. I will never forget it.

Reflection

Losing Paola was like losing myself. At nineteen I had already known pains that many people never experience in a lifetime: my mother's death, my family's abandonment, and now the passing of my first daughter. I felt destiny struck me without pause, as if it wanted to test me—test my resilience—again and again.

With time I understood something: Paola came to teach me. Her brief passage through this world showed me that true love is not measured in years but in intensity. In just two months, she transformed me forever into a mother, and neither pain nor death can ever take that title from me.

The emptiness she left in my heart will never be filled, but I learned to walk beside it. Every tear made me stronger; every memory reminded me how fragile—and precious— the time is with those we love.

I didn't know then that my life still had many chapters ahead: trials, struggles, falls, and triumphs too. But after Paola, I was never the same. I understood that even with a broken heart, you can stand up and keep walking.

Paola was, is, and will always be my angel. As long as I live, I will carry her with me at every step. She taught me that life can be cruel, but she also revealed the greatest truth: a mother's love is eternal—even beyond goodbye.

Chapter 8: Rebuilding Myself in Venezuela

After Paola's passing, my life was marked by an indescribable pain. At just nineteen, I had to face the death of a child, and though I felt shattered inside, life forced me to move forward.

I was in a country not my own, far from my land and roots, with a brand-new marriage and an uncertain future. There were days I didn't want to get out of bed, when the silence of the house reminded me of my baby and broke my heart. But there was also something inside pushing me: the need to rebuild myself, not to let sadness defeat me.

It was very hard to go outside. Seeing other mothers with their babies was a direct blow to the heart. I asked myself over and over: "Why not me? Why did I have to lose her?" That question followed me like a shadow.

The pain was so great I had to seek psychological help. I needed someone to guide me, to give me tools to get back up, make peace with life, and, someday, have the strength to try to be a mother again.

My husband was by my side, though each of us grieved in our own way. I tried to be strong, because I had always been that way: since losing my mother, since being left alone, since life taught me I couldn't fall apart.

Venezuela was now my home, and among its streets, its people, and its different rhythm, I had to begin to reinvent myself. It was like learning to live all over again—with an emptiness in my chest, but with hope that there were still paths ahead of me.

Chapter 9: Hope Is Reborn

Time—though it passed slowly and painfully—began to give me small signs that my life wasn't over. Psychological support was essential. I learned to cry without guilt, to accept that Paola had been an angel on loan, and that although she was with me only two months, she transformed me forever into a mother.

Months went by, and little by little I felt that spark of hope in my heart again. The idea of becoming a mother once more no longer seemed impossible. I was afraid, of course—afraid of losing again—but I also had an immense desire to fill my empty arms.

Venezuela began to show me another face: one of hope. Between work, my marriage, and the new friendships I was building, I started to feel stronger. It wasn't about forgetting Paola— that would be impossible— but about honoring her by living and giving myself the chance to love again.

One day I discovered I was pregnant. My heart raced. It was a mixture of joy, fear, and gratitude. I begged God with all my strength to let me live the full experience—to allow me to raise, care for, and watch this new little one grow.

That pregnancy became my rebirth. Every heartbeat, every movement inside me was a sign that life went on, that I still had reasons to smile. And although the pain for Paola never disappeared, hope was lit anew.

Paul André's Birth

Later I learned the baby on the way was a boy. A whirlwind of emotions ran through me: nerves, excitement, and above all, fear. I only asked God that my son be healthy and that the same pain I had lived with Paola not be repeated.

I underwent every test imaginable—even some not common for pregnant women. I wanted to be absolutely sure my baby would arrive strong and healthy. And so it was. Each result gave me a little peace. The months passed, my belly grew, and with it my hope. Rocky, my faithful friend, seemed to understand everything. That noble, beautiful white dog would come close to my belly as if contemplating it, as if protecting the little one on the way. He joined me on my walks to the park, and in his eyes I saw my excitement reflected. He too was waiting for the new member of the family.

I had decided that, in honor of my angel, Paola Andrea, this baby would carry a name linked to hers. I called him Paul André. That way, in some way, they would always be united.

The big day arrived. The delivery was intense, but my heart was full of gratitude. And when I held him in my arms, I knew God had heard me. He was a strong, radiant boy… and the biggest in the hospital! My big-headed boy—my Paul André—had come to fill my days with life and hope.

My Life with Paul André

Being Paul André's mother was like being born again myself. After so much pain and so many losses, holding him gave me a powerful reason to fight. I was twenty-one, and with his arrival my heart filled with a maturity I never imagined. My days revolved around him—his cries, his laughter, his first looks. Every sleepless night was worth it just to watch him grow. I, who carried so many scars at such a young age, now found relief in his tiny hands and his scent of life.

At that time I didn't work or study; my life centered entirely on Paul André. Still, during my pregnancy I discovered a new path: I learned to make lingerie and clothing. It was my way to keep my mind busy, to feel productive, and to dream of giving my son a better future. With my own hands I began to sew pieces I then sold, and little by little it became a way to help at home. It wasn't easy. I was in a foreign country, far from my family, without my mother—who had so dreamed of being by my side in motherhood. At times I felt very alone. But it was enough to look at Paul André to understand I couldn't give up. He depended on me. Rocky also became his guardian. He wouldn't leave the crib and seemed to watch every movement, as if he knew how important it was to protect this new member of the home.

Paul André became my engine—the light that lifted me from pain, the hope that reconciled me with life.

With time came an unexpected change. For my husband's work, we decided to return to Colombia. It was a leap full of uncertainty, but also of excitement. We left behind the land that had given me Paul to return to my roots. Bogotá welcomed us with its fast rhythm, its particular cold, and its congested streets. At the same time, I felt the city open its arms to me again. It was like finding myself again—in my country, on my soil—although with a completely different life: I was now a mother.

That return marked a before and after in my life. Bogotá became the stage where Paul would grow up, where I would have to start over, and where I would find new strength to keep writing my story.

In Bogotá, new opportunities opened up. I had the chance to work as a model at some agencies—a world that allowed me to explore another side of myself. At the same time, Paul got the experience of appearing in telenovelas and commercials for Colombian children's television. They were beautiful moments—full of excitement, pride, and satisfaction—that left indelible memories.

Not everything was joy, though. Shortly after, my marriage ended. It was a passive divorce—without fights or conflict—an amicable agreement where respect prevailed. That stage closed a cycle in my life and opened a new one: becoming a single mother.

Despite the separation, Alfonso was always a good father. He supported me and was present in his son's life. He never stopped caring for us, and I am grateful to him for that.

That was the end of my story as a wife, but the beginning of a new life as a woman and mother—full of challenges and learning—with Paul André's love as my greatest strength.

Reflection

Looking back, I understood there are no sad endings when new beginnings arise from them. Yes, the marriage ended, but life gave me the chance to rediscover myself, to grow, and to face motherhood from another perspective. Paul André became my companion on the road—the reason not to give up. And although farewells always hurt, they also open the door to new opportunities.

As a single mother, I began to make my way in a different world. Bogotá offered me opportunities I never imagined: I worked as a model at some agencies and appeared as an extra in telenovelas and small commercials on Colombian television. They were modest steps, but for me they meant a breath of air and the beginning of my path toward independence.

I was giving myself the chance to live as a single woman. I was very young—just twenty-one—with dreams, hopes, and the energy to start over. In the midst of that new stage, I enjoyed going out, friendships, and life in a vibrant city like Bogotá.

It was during one of those outings that I met someone who dazzled me at first. His charisma, his way of speaking, the attention he gave me… He seemed like everything a young woman could want. I never imagined that behind that smile and those words lay the greatest darkness that would enter my life.

I didn't know it then, but I was crossing paths with a dangerous, highly volatile man. With him, I would begin a story that would mark my existence deeply. He became my second husband—but also my executioner.

To this day, he remains the shadow that haunts me. If I had to give a name to the darkness that has accompanied me for so many years, it would be his.

Welcome to the hardest, rawest, and darkest part of my life.

Chapter 10: The Executioner

He won me over with his attentiveness, sweet words, and apparent tenderness. He made me feel seen, valued, and cared for. After three months, I was completely dazzled by him and ended up making one of the most drastic decisions of my life: to leave everything behind and move with him to the United States.

With my son in my arms, I crossed the border and arrived in Houston, Texas, convinced I was beginning a new chapter of happiness. Three months into living together, I received news that filled me with hope: I was pregnant with my daughter, Samantha. I believed life was smiling on me again.

For the first six months, everything seemed like a fairy tale. I lived in what I called a palace, and this man indulged my every whim. He even went so far as to install a private elevator in the house so I wouldn't have to climb stairs. Nothing was lacking for Paul or me—he gave us more than we actually needed. During my pregnancy, he surrounded me with care: I had access to an exclusive club in Houston, a refuge to exercise and clear my mind. I felt like a queen—protected, loved, and surrounded by luxuries I had never imagined having.

But the happiness was a mirage. Behind that charming smile and the gestures that captivated me hid an executioner—a maniac with an inner demon that only time would reveal. Little by little, I discovered he was addicted to drugs, consuming all kinds of narcotics behind my back in order to appear "normal."

Six months were enough to understand the palace was in fact a gilded cage—and that my life was about to take another painful turn. The true face of the demon began to emerge.

During those months, I devoted myself to taking meticulous care of myself. I enrolled in an English school, which made me feel I was growing, building a better future. Paul, meanwhile, attended one of the best private schools in Houston. Everything seemed perfect—stability, abundance, and the sense that life was finally smiling on me.

While he slept until two or three in the afternoon, I filled my days with housework, motherhood, and preparations for my daughter's arrival. I found refuge in exercise, in the small victories of learning a new language, and in seeing Paul happy and protected.

Thus my pregnancy went by—outwardly calm and privileged.

But the truth was not far off. One day the mask fell: the day I discovered he was using drugs.

I confronted him. And in that moment, my true ordeal began—the executioner appeared, the demon hiding behind luxuries and attentions.

We traveled often to New York. At first, they were exciting trips—new places, new experiences. But behind that façade of glamour was a dark truth. He always met up with his group of friends—most of them cocaine users.

I was five months pregnant and took great care of myself: I exercised, went to the club, ate well. My figure remained almost unchanged, except for my beautiful growing belly—

life within me. But one day, in the middle of one of those gatherings, the unthinkable happened. His friends, fully aware of my condition, dared me to try the drug. I had never seen cocaine in my life, much less imagined being invited to use it while pregnant.

The most painful part was that he not only allowed it—he encouraged it. That was the first time I clearly saw the magnitude of his madness. I looked at him and thought: "How can he expose me to this, knowing I'm carrying his daughter?"

I ran out of that apartment in the middle of the night—nearly three in the morning—desperate, searching for a taxi to take me back to the hotel where we were staying. In that moment, I felt fear, helplessness, and an immense loneliness.

On top of that, his relationship with his parents was another abyss. He never got along with them; in fact, they treated each other almost like enemies. He told me it was because they never accepted me—and part of that was true. His mother, especially, was profoundly racist. To her, Latinas were worth nothing; she treated us like trash. That rejection marked our life as a couple even more, because he used that enmity as an excuse to justify his resentments and behavior.

In the midst of that chaos, Samantha arrived. A month after she was born, he asked me to marry him. He promised to leave drugs behind, promised to change, promised we would be a united, happy family. Clinging to hope and promises, I said yes.

But those promises were never fulfilled.

Among all these events, there was an unexpected turn. Suddenly he started attending a Christian church in Houston, and soon he brought me along. He told me he had found a path of faith, that God was transforming him. I wanted to believe it, because in my heart I still hoped for a stable family. We even presented our children at that church. Samantha was barely a month old when we brought her before the well-known Houston pastor, Joel Osteen. For me, it was an emotional moment: seeing my children blessed there made me think that maybe things could change.

It was in that same church that we married. A simple wedding—without my family, without big celebrations. Only one of his friends—also a drug user—came with his partner and agreed to be our wedding sponsors. I prefer not to reveal their names, as they were not the best example of companionship on such an important day.

I wore white again; he wore an elegant suit; Paul walked beside us, and Samantha was in my arms. After the ceremony, we went to dine at a luxurious restaurant—the kind he loved. It was a special, intimate moment—beautiful, amid the utter confusion my life had become.

We continued attending church for a while, but that apparent transformation soon became a new excuse to justify his impulsive decisions. One afternoon he came home with a solemn air and told me God had spoken to him. According to him, he had received divine instructions: we had to move to Panama, because there lay the new path God had marked out for us.

We had reached the point in our relationship where I no longer had the right to have a say—or to refuse. I couldn't say "no." He decided we were moving to Panama, and all I could do was lower my head and accept it.

In an authoritarian tone, he said:

—In three days the moving truck will arrive to pick everything up. Pack only a small, simple suitcase with what you and the kids need. Don't worry about the rest—if the move doesn't arrive on time, that's what money is for, my love. We'll buy whatever's missing.

That was him—he solved everything with money. As if money could cover the lack of respect, the drugs, the unilateral decisions… And I, with a knot in my throat, did what he asked — I packed the essentials, the most important things for my children, and left.

When we arrived in Panama, a new stage began. There, the executioner transformed again into an "angel," the generous man everyone admired. He presented himself as a savior—he even went so far as to pose as protector of the Jewish community. To everyone, he was exemplary—a benefactor.

But I knew that behind that mask the same demon remained.

Here begins another story—one of the most intense and revealing of my life. Come with me, because what happened in Panama marked my path profoundly.

Chapter 11: Panama: The Executioner Disguised as an Angel

In Panama, the executioner reinvented himself. He said he had arrived with a divine mission: to become the savior of the Jewish people. He began searching for a Messianic Christian church until he found a small, humble, very poor community that welcomed him with open arms.

With grandiose words, he assured them that God had sent him to save the Jewish people of Panama. They listened to him with admiration, and little by little that community began to organize around him. They built a church, started holding meetings, and he presented himself dressed like a rabbi, as if he were truly a spiritual leader.

Meanwhile, our life was a brutal contrast. He took us to live at the Mirage, one of the most luxurious buildings in Panama. I will never forget that penthouse on the 33rd floor, with all the extravagance money could buy. We lived like millionaires, surrounded by comforts, while he rubbed shoulders with the poorest of the poor in the slums.

He bought a motorcycle and rode through the streets to get to that community. There, they received him like a messiah; they touched him, revered him, and looked at him with devotion.

The ironic part was that, in the Mirage, most of our neighbors were real Jews—respected families with a long tradition in Panama. Yet he never presented himself to them with the image he showed in the poor community. He knew they would never accept him. To them, he was nothing more than a stranger, a madman with delusions of grandeur.

And even so, he was convinced that if he could grow that little church, one day he would have the chance to speak directly to the Jewish people.

He was certain he could speak to the Jewish people and save them—he repeated it to me over and over. The worst part was that he forced me to accompany him to meet with those humble people of the Messianic community. Many times I went against my will. He made me dress like a Jewish woman, covering my head with garments I hated. I refused; we argued horribly; but in the end I gave in to avoid confrontations in front of the children.

I did not feel part of any of it. The meetings were dark, charged with something that chilled me inside. The way they prayed and preached seemed almost satanic to me. They asked for punishments for those who did not obey them, for those who did not support their cause. I especially remember a woman—whose name I prefer not to reveal—who led that group along with Jerry, the executioner. They invoked spirits and called down curses on people who strayed from their path. I watched it all in horror. I never wanted to be there, never accepted those practices, yet again and again I ended up being dragged along by obligation. And the most ironic part of all was what happened afterwards. After those meetings, in which he played at being the "messiah," he would come home and lock himself away until the wee hours, consuming marijuana and other drugs. He stayed up until three or four in the morning, while I went to bed with the children. The next day, like any mother, I got up early to take Paul to school, care for Samantha, and tend to the house. Yes, I had housekeepers, nannies, and caregivers—because money bought everything. I lived like a millionaire, surrounded by luxuries in that 33rd-floor penthouse. But even so, I was the one involved in everything related to my children, because my husband slept late, exhausted from his nights of excess. In the midst of that contradiction I lived: trapped between a "prophet" who deceived a poor community and an executioner who wore me down at home.

There came a time when I couldn't take it anymore. My life had become unlivable. We had luxuries, properties, a beach house, a penthouse in the city... But none of that filled the emptiness or healed the pain of living with him. I wasn't happy, and neither were my children.

Jerry didn't know how to be the father of a normal family. All his effort went into prophesying with that Messianic group he called "the people of God." He wanted to save the Jews while we lived in the middle of a closed Jewish community that didn't even recognize us. We weren't Jewish, but he desperately wanted to be accepted by them. His delusion grew—and with it, my hell.

Arguments turned into constant fights. He assaulted me physically; he chased me all over the house, and I had to defend myself however I could. I remember one time I faced him with a broomstick because otherwise he would have hit me harder. Many times I took his slaps simply for saying I didn't want to go to that religious group.

To control me even more, he fired my housekeepers and brought women from the church to work in my home. They didn't know how to cook or care for the children, but he imposed them on my life. I refused to accept them, and that unleashed an even bigger fight. That argument ended in blows. He assaulted me so violently that I had to call the police. They took him into custody—though only for a day:

he paid and walked free, as so often happens in Latin America, where money fixes everything.

After that night, I understood I had to be more cunning. I played the role of the submissive lover—the wife who yielded to his every whim. I feigned obedience, feigned affection, and asked his permission to travel to Colombia to visit my family. Trusting, he agreed. He drove me to the airport without suspecting a thing.

That day, as I boarded the plane, I knew a crucial part of my story was beginning.

Come with me to hear it…

In Colombia, I found some lawyers through friends—whose names I'll reveal later—who were also angels God placed in my life and are now dear friends. I then hired a lawyer in Panama to file for divorce, to free myself completely from this executioner and remain in Colombia.

While in Colombia, I got an apartment and bought some furniture. I had money in the bank from what Paul's father contributed and some savings of my own. I had enough to secure an apartment, furnish it, enroll Paul in school, and file my divorce to free myself from that executioner and never return to Panama—to that hell.

When my ex-husband was notified that I was filing for divorce, he began telling me he would leave everything behind, that his family was what mattered most, and asked to come see me in Colombia—that he would fly to visit us. I said no and kept it that way for about three months.

After three months, I relented—I thought he had truly changed. When he arrived in Colombia, he brought me a gift; I remember it well. We went to lunch, and after eating, he said he wanted to take our daughter Samantha to the park, but that he wanted to be alone with her—father and daughter. He seemed so normal I truly believed he had changed, and I agreed.

I didn't know he was planning to steal my daughter. He had everything arranged: he had gotten her a fake passport, taking advantage of the fact that, through his parents, he was a Spanish citizen. At the Spanish consulate he presented falsified documents claiming I was confined in a psychiatric hospital in Colombia. With money and bribes, he got the passport and took Samantha out of the country. He was supposed to return with her after the park, but he never showed up. It was around six in the evening, and I was frantic because they hadn't appeared. Suddenly, the phone rang at home: it was an anonymous call. They told me my daughter Samantha and my husband—the executioner—had been kidnapped by a guerrilla group in Colombia and that I couldn't alert the authorities because, if I did, they knew where I was with Paul and would kill us.

With that call, I plunged into chaos. I called a friend who worked at the U.S. Embassy and asked him to come to my house. He came; I explained everything, and he told me, "This is not a kidnapping." He worked at uncovering things—like a detective of sorts. He knew kidnappings aren't done that way, aren't handled like that. He asked for my husband's and my daughter's information. He went to the airport and brought me the news that my daughter and my husband had departed on an Iberia flight to Madrid. You can imagine how I felt when I heard that… Once again, I was losing my daughter. First Paola, now Samantha. Such immense, profound pain… Where would I find that executioner now to demand my daughter back? The only thing left was to call his parents. His mother, of course, knew everything. I called her in tears, and she played along, as if she were truly going to send me the money. Because the "kidnappers" had demanded two million dollars for the ransom. Following my friend's guidance, I told her everything that was happening.

She knew it all. Though at the time she was in New York, she was ready to fly to Madrid when her son arrived there—to help him care for Samantha. Meanwhile, she made me believe she was willing to wire me the money the supposed kidnappers demanded. I played along, too, because I already knew the truth: he and Samantha were on their way to Madrid.

His family was as bad as he was. Or perhaps it was just his mother, for aiding him in his wickedness. But she never wanted to acknowledge the perversity that executioner harbored.

There began another Calvary in my life. Come with me to hear it.

When I confirmed my daughter was on her way to Madrid, I felt the world collapse on me. Days and nights passed without sleep, thinking what to do, how to act. I had no peace, no calm—my life was hell. I was torn between rage, sorrow, and the desperation of not having my daughter with me.

The executioner, meanwhile, began calling me from Madrid with a triumphant attitude, as if he had won a battle. He told me the girl was fine, that she was being cared for, that I should accept it and stop fighting because there was nothing I could do. His calls were cold and manipulative, but he dressed them in words of love. He repeated over and over that I was the woman of his life, the perfect piece God had placed in his path to complete the mission of "saving the Jews." Imagine the pain I felt hearing that man speak to me so coldly, as if Samantha were a trophy and not our daughter. Meanwhile, his mother—who had flown from New York to Madrid—was already settled there to help him care for the child. She called me to keep up the act, talking as if she were on my side, when in reality she was supporting all of her son's wickedness. She had a double face, which I learned would never change.

In my anguish, I sought help from more lawyers, contacts, and friends. Justice was slow, the processes endless, and my executioner had money, connections, and European citizenship on his side. All of that made him stronger before the law and much harder for me to confront.

I remember, in those days, I felt my strength slipping away—but something inside told me I could not give up, could not leave Samantha in the hands of that man and his family. She was my daughter, my blood, and I would recover her no matter what.

Here began another stage of struggle, pain, strategy, and tears. A mother's battle against an executioner. An uneven fight, but powered by something stronger than any evil: the love for my children.

As part of his manipulation, the executioner offered me a "way out": the only way to see Samantha again was to undergo a psychological process with a woman he himself had chosen in Colombia—a psychologist from that Messianic religion he followed. He told me I had to attend sessions for as long as she decided, and only when she certified that I was "ready" to be born into that religion would he send me the documents to enter Spain. I had no escape. He had held on to my U.S. residency papers and everything related to my passport. I was completely at his mercy. I couldn't leave Colombia; I couldn't move without his authorization. It was like being trapped in an invisible cage.

I had no choice but to obey. I submitted to those therapies for three months, saying "yes" to everything they asked, even though inside I was being torn apart. All for the chance to see Samantha again. Finally—after that time—he kept his word and allowed me to travel to Spain. That was when I made the hardest decision: to leave Paul André in Bogotá, in my niece's care. I didn't want to drag him any further into that madness. I had a single mission in my heart: to recover Samantha and flee again—but this time, without giving that executioner a second chance. When I arrived in Spain, he was already waiting for me…

He welcomed me with open arms, feigning love, but immediately resumed his manipulation. He wouldn't let me leave the house without his authorization. He forced me to dress as if I belonged to a Muslim religion, with my head covered. I could go out alone, yes—but never with Samantha; with her, I always had to be under his control.

He clung to his same old excuses: he went to bed at four or five in the morning, saying he worked on India time, just as he had in Panama. Supposedly he speculated in oil and moved money in international markets. I knew it was yet another lie, but I kept silent.

Amid that controlled life, I decided to do something for myself. I signed up at a gym and started going very early, while he slept. But most importantly, I managed to enroll at a university to study nutrition. For almost two years, I studied in secret, and he never knew. I hired a nanny he himself had approved, and while I told him I was going shopping or exercising, I actually went to classes. That double life was my refuge.

Though I lived under submission, I also had full access to money. I could buy clothes, go to the market, even purchase a car if I wanted. Of course, all as long as I remained under his shadow. Because when I rebelled or pulled away—as happened in Colombia—he canceled everything and left me with nothing.

During that time, I managed to travel to Colombia to visit my son, Paul André. He spent nearly nine months without me, until he finished school there, and then I brought him with me to Spain, where I enrolled him in school. We spent almost three years in Madrid—years of endurance, secrets, and silent battles.

And when I finally felt I was about to graduate, he came with a new "revelation." He announced—using his authoritarian tone—that we would move back to Panama. He promised that this time it would be different, that everything would change. With no option to say no, I packed up my life and my children's once again. And so, we returned to Panama.

The Return to Panama

His promises lasted barely two months. At first, I sought refuge in my dear friend Aurora, who became my soul sister. She was my support—the voice that gave me strength to endure the madman. But, as always, the executioner's promises faded, and he returned to the same old ways: seeking out those people, feeding his Messianic delusion, and sinking into his excesses. One day, while he was speculating with money on the stock market, I saw him lose large sums. Desperate and furious, he came looking for me in the kitchen and yelled that he had only a million dollars left. He said he was going to bet it all, and if he lost, he wouldn't be able to stand being poor or seeing his family living in poverty.

That man who proclaimed himself savior of the Jews, who surrounded himself with humble communities he claimed to protect, was in truth obsessed with money. His true religion was power and wealth.

That night he confessed the most terrifying thing I could hear:

—If I lose that million, I'll kill the children, I'll kill you, and then I'll kill myself.

Those words burned into my soul. That day I realized my life and my children's lives were in real danger. I didn't think twice: I packed our bags in secret with my friend Aurora's help, and when he woke up, we were gone. I had fled once more—back to Colombia.

In Colombia, little by little, I began to rise again. I enrolled Paul in school; I enrolled Samantha, too; and I started to believe I could rebuild my life on my own this time. But the executioner never stopped pursuing me. His shadow reached me with calls, letters, tears, and promises that he had changed again. He swore the only thing he wanted was to win his family back.

I kept him away for three months, but in the end, I fell again. I believed him one more time. I returned with him to Panama, and for the first month it felt like paradise: he had distanced himself from those Messianic people; he spoke of future plans; he made me feel everything would be different. I wanted to believe. One day he told me sweetly:

—My love, let's take a trip to New York. I want us to see my parents, and I also want to look at houses to buy there. If we return to the United States, our life will be better—more stable.

I agreed, because one of my conditions for going back to him was precisely that: to leave Panama's madness behind and rebuild our life in the United States.

We traveled to New York with Paul and Samantha. His parents welcomed us with open arms—dinners, family evenings, outings. We went to see beautiful houses with a real estate agent; we chose one; he even spoke as if we were truly going to buy it.

Everything seemed like a dream coming true. But the day came to return to Panama, and the nightmare returned. That morning, coming out of the shower, I found Paul dressed and ready—but my husband still in his pajamas. Confused, I said:

—What's going on? We have to leave for the airport in two hours.

And he answered coldly:

—My love, you're going with Paul. I'm going to stay with Samantha for another week. I want to enjoy her—after all that time you kept her away from me in Colombia.

My heart froze. I didn't like it one bit. In that instant I knew he wanted to kidnap her again. I refused. Then, in a fit, he grabbed the car and took the girl. I tried calling the police, but his parents threatened me: they said if the authorities came, they would declare that I had no right to be in that house and that I needed to leave.

They forced me out. In tears, with Paul crying for his sister, they took us to the airport. We boarded the plane to Panama without Samantha—our souls torn apart.

The greatest blow awaited me on arrival. While he kept me busy in New York showing me houses and promises, he had set up his final move in Panama: to strip me of everything. When I reached the building, a man was waiting at the entrance. He handed me some documents and said:

—Here is the divorce suit. He's filed against you. You're entitled to nothing.

That was the lowest blow—the executioner's punishment.

Return to Panama and the Emptiness

It was eleven at night when I arrived in Panama and found all of this. All I could do was call my friend—my dear friend, my sister—Aurora, to help me. When I called, she immediately noticed the phone number I was calling from wasn't mine. The executioner had even changed my phone number to confuse me further.

When Aurora asked, "Where are you calling me from?" I answered, "From my cell." But she said, "No, that's not your number. This is another one." She read out the number that showed on her screen, and that's when I confirmed another of his insanities: he had changed my cell number without me knowing.

I told her everything that was happening and ran to her house. I left my son there while she, with all her wisdom and strength, advised me: "Go to family court. They have to help you open that door. That's still your home."

And so I did. I went to family court. It was about three in the morning when the judge saw me. She listened to my story and gave me permission to enter my own apartment. When I finally arrived at the building with that document, the guards had no choice but to let me in.

When I entered the apartment, the silence was overwhelming. The only thing I found was my children's little birdcage. The poor birds had died—abandoned without water or food—because he had taken the entire move and left nothing behind. That image destroyed me: the empty cage with lifeless birds, a reflection of everything he had razed in my life. I collapsed on the floor, screaming and crying, asking myself over and over why I had been so foolish as to believe this madman again. I called my friend once more and went to sleep at her place.

The next day, hoping to set something right, I went to the bank to withdraw money so I could fly to New York to file for divorce, because the worst had happened there—and he had also stolen my daughter.

But what I discovered at the bank was another blow: all my accounts were closed. I didn't have a cent. He had literally left me in ruins.

It was Aurora—with her boundless kindness—who lent me money and thanks to her, I was able to fly back to New York, my heart in pieces but determined to fight for my children and for my life.

The Fight for My Daughter

The first thing I did when I got off the plane was find a pay phone and notify the police. An officer came to the airport to help me, and there I told him my whole story—from how he had brought us to New York under the pretext of house-hunting and promising me a future, how his parents had practically forced me out of their home and onto a plane, and how, when I reached Panama, I found myself without a home—with nothing but my children's birdcage and the birds dead.

The officer listened to me carefully and said, 'You have to file a claim in the family court through Missing Children.' He then asked if I had a place to stay. I said no—that I was completely alone. He took me to a shelter in New Jersey—a refuge for women victims of domestic violence. There they took me in, gave me a roof and food, and above all, a small measure of relief after so much pain.

From that shelter a new process began in my life: the necessary complaints were filed, I was assigned a public defender, and a formal court case was opened. The executioner was officially summoned, but by then he was no longer in New York. He was fleeing all over Europe with my daughter Samantha, moving from country to country to keep justice from catching him.

I felt trapped in a never-ending nightmare: I had taken all the legal steps, filed reports, followed the law—and still he kept escaping, hiding my daughter, and manipulating the situation as he always had.

The Shadow Returns

After a time, from the shelter, I began receiving emails from him. Letters full of manipulation: that he loved me, that he missed me, that he realized how much he needed his family, that our daughter missed me too. Every word was calculated to confuse me, to make me doubt, to try to lure me back into his darkness.

At the shelter, they took us to the library, where I could check my email and make calls. That's how I kept in touch with my friend Aurora in Panama. She was an angel in my life; she cared for Paul until his father traveled to Panama and took him to live with him in the United States, in Dallas. Having to be separated from my son was another brutal blow—to see him torn from my arms, all orchestrated by the executioner, who remained that dark shadow over my life.

Meanwhile, he didn't stop writing that he loved me—email after email. Each time I spoke with my lawyer, I showed him those messages. He always said the same thing: "Ma'am, do not answer. This person is sick, unstable—he only wants to manipulate you."

One day, unexpectedly, I got a call from Aurora in Panama. I heard the urgency in her voice—the kind you never forget:

—Friend, I just saw that madman of your husband with your daughter. I followed him by car and I know where he lives. Come now. I'll wire you the money so you can buy your ticket and come to Panama for Samantha. She's here.

That call cut through my soul. The executioner already knew I had filed international complaints and that Interpol was searching for my daughter as a Missing Children case. Aware that the whole world was looking for him, he decided to move and hide in Panama.

The news gave me strength, but it filled me with fear too: What should I do now? How could I act without falling into another trap? Would this be my chance to get my daughter back—or another of his manipulations?

After Aurora's call, my heart pounded like never before. I knew it was the chance to recover Samantha. I didn't hesitate. Aurora sent the money for the flight, and I began to prepare everything quietly, cautiously, telling no one except the shelter director, from whom I dared to ask advice. She was a very kind Dominican woman, and since she spoke Spanish, I felt calmer with her. I told her what Aurora had said—that she had seen the executioner with my daughter in Panama.

The director listened patiently and said:

—As the director here, my duty is to tell you not to go—to let the authorities do their work, because you know exactly who you're dealing with: a mad, incoherent man. But as a mother…—and her eyes filled with tears—I have to give you another piece of advice: go. When does that plane to Panama leave?

Her answer shook me, because in that instant I understood only a mother could grasp what I was feeling—the desperation to get my child back. I left her office with my heart racing. I was afraid—of course I was—but I also had a determination burning inside me. That night I didn't sleep.

I lay in the shelter room staring at the ceiling, thinking of Samantha—her little face, her smile, how the last time I saw her she hugged me with those tiny arms. I knew no one in the world would fight for her like I would.

The next morning, with tears in my eyes, I went straight to buy my ticket to Panama. I told no one else—only Aurora. I wrote to her:

—Friend, get ready—I'm on my way.

She replied immediately:

—I'll be here waiting. You're not alone.

The flight left New York at dawn. I remember my mind wouldn't stop during the entire trip: What would happen when I faced him? Would he be able to take my daughter from me again? Would I be strong enough for what was coming?

When the plane landed at Tocumen, a knot formed in my throat. I knew I was stepping into the very hell I had escaped so many times—but this time I wasn't going as a victim. This time I was going as a mother willing to do anything to rescue her daughter.

The flight felt endless. I swung from tears to rage, from rage to despair. Only one thought filled my mind: how to confront the executioner. I kept turning over the best way to get Samantha back. That's when I made a desperate decision: to disguise myself as a man and wait for him at the building entrance where Aurora had seen him.

I found two men who, moved by my story, agreed to accompany me. The plan was simple but risky: wait for him to come out with my daughter, follow him, snatch her, and run straight to the U.S. Embassy for help. In my anguish, I believed it could work.

As the plane descended over Panama, I clenched my fists and repeated silently:

—This time he won't take her from me. This time he won't tear her away.

I was no longer the submissive woman he had manipulated so many times. I was ready to do anything—even if I trembled inside.

What I didn't know was that the lunatic had tapped my phone. He knew every move, every word, every step I took. That's why he never left the building.

I had already spent two days outside, waiting in vain. I was staying in a very cheap hotel to save money, barely eating. What money I had went to paying the two men who agreed to help me keep watch—but I was reaching my limit. My return ticket to New York was in three days, and I had already spent two. Desperation was consuming me.

On the last day, suddenly, a light came to me. I told myself: Bet it all. I remembered that in the building where he lived there was a very famous Chinese restaurant, right next to an embassy—I can't recall which country's. So I improvised a plan: pretend to be a tourist going there for dinner so I could get into the building.

I got ready like never before—did my makeup, put on an elegant dress—and asked a taxi driver to take me to the tower. When we arrived, the taxi driver told the doorman:

—She's a tourist—she's going to the restaurant.

The doorman saw me dressed up, smiling, and let me in without trouble. Just then, as I was getting out of the taxi, an American man was coming out of the tower. I didn't hesitate—I darted forward, grabbed the door, and with a smile said:

—Hi. How are you?

He looked back at me, and I, with all the confidence in the world, added:

—Yes, I live here.

And that's how I got in. I was inside. My heart pounded so hard it felt like it would explode in my chest. All that was left was to go up to the apartment and confront the executioner.

I reached his door. I rang the bell and pressed my finger over the peephole so they couldn't see who was there.

—Who is it? he asked.

I didn't answer.

—Who is it? he repeated, louder.

I stayed silent again.

Then I heard his firm, direct voice:

—Angélica, is that you? Take your finger off or I'll call a guard to have you removed. I have control here in Panama.

I was speechless, my heart about to burst out of my chest. How did he know it was me?

I took a deep breath, gathered my courage, and knelt on the floor in front of the door. With tears in my eyes, I begged:

—Please… I'll do whatever you want, but let me in. Let me be with my daughter.

Suddenly he opened the door, grabbed my arm hard, kissed me abruptly, and then shoved me. In a surge of courage, I grabbed him by the chest—I remember the thick white-gold chain he wore—pushed him inside, and shut the door behind me.

—I'm not leaving here without my daughter, I said firmly.

The apartment was another luxury penthouse, with many living rooms and bedrooms. I ran back and forth searching until I heard her crying. Samantha was locked in a bathroom. They had locked her in because they told her I was coming with the police to harm her. That horrible man—and the people with him—were the very devil. I pounded on the door in desperation:

—Open up! Let me see my daughter!

In the middle of the chaos, a heavyset woman appeared—the same Panamanian woman he had hired to clear out our old apartment, the one who let the birds die. She was now his "right hand," helping him care for Samantha.

Amid all that pain, something tore me apart even more. As I entered the apartment in Panama where they were hiding my daughter, I saw the executioner's grandmother. She was the only person in that family who had truly won my heart.

Seeing her there, complicit in that deceit, felt like a dagger through my soul. With tears held back, I said: "Grandma… how could you betray me too?"

She came close and, in a trembling voice, said:

—Child, please—don't make a scene.

—Grandma, please, I begged. Help me. I only want my daughter. I won't leave without her.

I knelt before him again and pleaded with all my strength:

—I'll do whatever you want… I'll follow your religion—whatever you say. But let me be with my daughter.

The Panamanian woman was shouting that he shouldn't listen to me—that he shouldn't let me in. But I insisted so much—appealed so strongly to his obsession with religion—that he finally relented.

That very night he called a member of his group, who came to the apartment. They performed a foot-washing as a "sign of purity" and acceptance. It was humiliating, but I bowed my head, because all I could think of was Samantha—my daughter.

That's how I convinced him. I stayed there—with him and with my daughter—feigning obedience. I repeated again and again my desire for us to move to Miami—that we would be better there, that we could rebuild our lives. And finally, after so much manipulation and so many tears, I got him to listen.

That's How We Arrived in Miami

With the help of the person who performed the foot-washing—and on the condition that I withdraw all the complaints in New York—I agreed. I gave in. The complaints were withdrawn, and in less than two weeks we were in Miami to start a "new life" together.

On the outside, it looked like a fresh start: a luxury apartment, just as he always demanded, with all the extravagance and shine he loved to flaunt. But inside I was crystal clear: all I wanted was a divorce.

One day, without arousing his suspicion, I went to consult a lawyer. I told him my whole ordeal—every madness he had made me live through. The lawyer listened calmly and, in the end, asked a simple question:

—How long have you been in the United States?

—Not long, I replied.

He nodded and said firmly:

—You need six months. Only then can we move forward with the law on your side. You're going to have to keep being submissive—pretend what you don't feel. When the six months are up, come see me and I'll tell you what to do.

And that's how it went. I swallowed my pride, endured in silence, and pretended obedience. Six months of submission. Six months of caution. Six months of cold resolve.

When the time finally passed, I went back to the lawyer. This time, he had a clear plan:

—Now is the moment. Sign here. We're filing for divorce. But listen carefully: you will not be at the house when we have him removed. You're going to convince him that you're traveling to Colombia with the children. Once you're there, we'll have him removed from the house, and then the process begins.

With ice in my veins, I calculated every step. I faked a vacation, convinced the executioner, organized the trip. And while the children and I flew to Colombia, the lawyers took care of removing him from the house.

My lawyer warned me in no uncertain terms:

—Ma'am, this time you cannot let yourself be convinced. This time, you cannot go back.

And that's how, with a hardened heart and the greatest determination of my life, I finally managed to strip that executioner from my life.

Or at least, that's what I thought.

So that's how it all happened. I went to Colombia while the lawyers did their work. But nothing was simple. Getting him out of the house became a war of its own. The executioner, playing with manipulation and lies as always, realized the police had an eviction order and hid inside the house.

His mother—the eternal accomplice to all his evils—was there, supporting him, bolstering him, justifying his every act. They claimed he had had an appendectomy and that she had flown in to care for him. Unfortunately, I had no control over any of it.

Time passed, and I had to return to the United States, but the executioner still hadn't left the house. There was no way. So with the fury and courage only a mother can muster, I had to show up myself with the police.

When we arrived at the gated community where our house was, I saw his car parked—motionless, like silent proof. I told the officer myself:

—He's been here all along. His vehicle is right there.

The guard confirmed it:

—Yes, ma'am. He hasn't moved from here.

That's when we all understood he was hiding to avoid being evicted. The police were furious. We went before the judge and requested a warrant to enter by force.

When we returned, the officers told me seriously:

—Ma'am, stay back. When he comes out, you go in.

I waited at the gatehouse, heart racing, my daughter by my side. I could hear the yelling. He didn't want to leave. He claimed he had just been operated on—that he couldn't walk. The officers confronted him:

—Sir, if you're ill, we'll call an ambulance. But you have a judge's order. You must leave.

The scene was wrenching. His mother stormed out in a fury—shouting, defending the indefensible. But in the end it was clear he could walk perfectly well. They had no choice but to go.

That was only the beginning of an endless legal war. My divorce became the hardest of all. It lasted more than seven years. It was an exhausting battle in court. The executioner, with his tricks, surrounded himself with lawyers—he had more than ten, because none could tolerate his demands to lie, manipulate, and fabricate. I, on the other hand, stood firm with the same attorney from the start.

In the end, I had no choice but to give up almost everything. I handed over it all—property, assets, money… everything except my daughter. She was my only victory—my only reason.

The divorce was finalized, but the executioner never stopped being my dark shadow. That persecution—that poisonous breath—was still present in every step I took, in every decision I made. And thus ended this part of my story—one of the hardest stages of my life. But this was not the end. Another battle was beginning: facing life alongside my daughter, with the executioner still prowling—always lying in wait—complicating every step I took.

Final Reflection

Today, looking back and remembering each episode, each tear, each moment of despair, I realize I survived an invisible war. A war without weapons, but with deep wounds. A war against manipulation, fear, and the darkness that pursued me for years.

I learned that an executioner can disguise himself as love, promises, faith, luxuries... But sooner or later, the mask falls. What matters is that I—an injured woman—managed to rise every time I was knocked down. My strength was in the love for my children, because they were always the reason I kept fighting.

However, this story doesn't end here. The divorce was only part of the battle. Regaining my freedom was merely the first step. The hardest part was yet to come: healing the wounds, rebuilding my life, and facing a new stage marked by the fight for my children and the weight of that dark shadow that still pursued me. The executioner did not disappear. His footprints kept marking my path, forcing me to reinvent myself again and again. But he also taught me that no darkness can extinguish the light of a mother fighting for her children.

This book closes with a breath—with the hope that every woman who reads these pages will find strength in her own voice.

Epilogue

Each page written here has been an open scar that I chose to turn into words. It was not easy to bare my soul, to relive every tear, every escape, every closed door, and every betrayal. But I also realized that, in the midst of so much pain, there was always a spark of hope—a strength that lifted me when I could no longer stand. That strength came from God, from my children, and from those angels He placed on my path disguised as friends, lawyers, protectors, and even strangers who reached out their hand.

Today I close this chapter with the certainty that I survived the executioner, even though his shadow followed me for so many years. I survived because I chose not to give up, because I understood that freedom is built by taking small steps—even when they seem invisible.

This is not the end of my story. It is only the close of a cycle that has prepared me to face new battles. Because life, with all its harshness, also gave me new opportunities, and there is still much to tell, to heal, and to share.

The executioner no longer owns my voice. Today I speak for myself, for my children, and for all the women who silently carry a similar cross.

We will meet again in a future book, where I will continue telling how the shadow of the executioner tried to reach me once more… but where you will also see how the light always ends up defeating the darkness.

Acknowledgments

I want to express my deepest gratitude to the people who, in the midst of darkness, reached out their hand:

- To my friend Aurora, my soul sister, for her unconditional support and her light in my darkest moments.
- To the police in New York, for listening to me and guiding me in a moment of absolute desperation.
- To the shelter in New Jersey, where I found refuge, protection, and understanding when I needed it most.
- To all the anonymous people who, with small gestures, reminded me that I was not alone.
- And especially to my lawyer, Joel Bello, for his courage, his persistence, and his faith in justice—standing by me until the very last moment of this fight.

To all of you, thank you. This book also belongs to you.

My FZ 50 — what a great personal memory. That's a memory that symbolizes this stage of my life.

www.ingramcontent.com/pod-product-compliance
Lightning Source LLC
Chambersburg PA
CBHW050519100526
44581CB00001B/40